Brigitte Muth-Oelschner

Wo Gott nicht sein darf, schickt er einen Engel

Brigitte Muth-Oelschner

Wo Gott nicht sein darf, schickt er einen Engel

Engelmar Hubert Unzeitig
Märtyrer der Nächstenliebe
(1911 – 1945)

Mariannhill

ISBN 978-3-935700-54-2

1. Auflage 2011

Missionsdruckerei und Verlag Mariannhill
Hauptstraße 1a, 86756 Reimlingen

Inhalt

Ein Märtyrer der Nächstenliebe

Pater Engelmar Unzeitig CMM war 30 Jahre alt, als man ihn nach Dachau abtransportierte. Mit 34 Jahren kam er dort ums Leben. Er hatte sich freiwillig zur Pflege russischer Mithäftlinge gemeldet, die an Flecktyphus erkrankt waren. Am 1. März 2011 wäre er 100 Jahre alt geworden.

Vier von insgesamt sechs Priesterjahren verbrachte er in der »Hölle von Dachau« . Für ihn wurden sie – ähnlich wie für viele anderen Geistliche – zu Jahren der inneren Reifung. Wenn Pater Engelmar das KZ überlebt hätte, wäre er sicher als Missionar viele Jahre segensreich tätig gewesen, vielleicht sogar in der ehemaligen UdSSR, hatte er doch seine russischen Sprachkenntnisse in Dachau wesentlich verbessern können. Heimlich war er zum Seelsorger vieler Häftlinge aus dem Osten geworden.

Unter Hitler wurden insgesamt 4 000 Geistliche beider Konfessionen und etwa 400 Ordensfrauen ermordet. Mehrere von ihnen wurden schon selig- und heiliggesprochen: Maximilian Kolbe, Edith Stein, Titus Brandsma, Karl Leisner… Auch Pater Engelmar Unzeitig wird hoffentlich bald in die Schar der Seligen und Heiligen aufgenommen werden.

Der junge Mariannhiller Missionar aus Mähren im heutigen Tschechien suchte als einer der ganz Stillen und Bescheidenen nie die Aufmerksamkeit anderer; es lag auch nicht in seinem Wesen, viele Worte zu machen. Aber er gehörte zu denen, die versuchten, das Evangelium zu leben; einer, der davon überzeugt war, was der verstorbenen Jesuitengeneral Pedro Arrupe einmal so formulierte: »Die Frohe Botschaft verkündet man nicht durch Worte sondern durch Taten; nicht, indem man davon redet, sondern indem man sie vorlebt und dafür zu sterben bereit ist.«

Diese biografische Erzählung stützt sich im Wesentlichen auf das verdienstvolle Quellenwerk von Pater Adalbert Ludwig Balling CMM »Eine Spur der Liebe hinterlassen« (2. Auflage, Mariannhiller Mission Würzburg, 1988). Sie versucht, die Atmosphäre zu schildern und die Umstände nachzuzeichnen, in der Pater Engelmar lebte, wirkte, litt und starb. Geschrieben wurde dieses Lebensbild aber auch gegen das Vergessen, gegen die Verharmlosung jener schrecklichen Verbrechen – mit der Shoa als grausamen Höhepunkt.

Bruno Theek hat auch die nachgeborenen Generationen angesprochen, wenn er schreibt, gegenüber den Vielen, die zwar nicht dabei gewesen seien, aber gern behaupteten, so schlimm, wie die überlebenden ehemaligen KZ-Häftlinge es immer hinstellten, könne es gar nicht gewesen sein, möchte er betonen, dass es noch viel, viel schlimmer war, als es je in Büchern geschildert worden sei. Denn niemand sei imstande, die fortwährende seelische Qual und den täglichen Kampf des Häftlings um sein Leben und gegen die ständig neu ausgeklügelten Gemeinheiten der SS so dazustellen, wie die Menschen in den Konzentrationslagern es in oft jahrelanger zermürbender Haft nicht nur von morgens bis abends, sondern auch Nacht für Nacht erleben mussten.

Unter diesen Umständen wurde Engelmar Unzeitig zu jener Persönlichkeit, von der man schon bald nach seinem Tod sagte: »Er war ein Heiliger. Ich nehme dieses Wort nicht schnell in den Mund. Aber bei Pater Engelmar ist es angebracht; er war ein heiligmäßiger Priester.« (Clemente Pereira SJ)

Oder ein anderer Überlebender des Konzentrationslagers: »Pater Engelmar strahlte etwas Heiliges aus, ohne Worte, ohne große Gesten.« (Hermann Scheipers).

Einig waren sich alle aus der Priesterbaracke des KZs, wenn sie ihn den »Engel von Dachau« nannten. Für seine Mitbrüder und die Mithäftlinge im Lager wurde er zu dem, was ein Menschen anderen nur sein kann: Mitmensch. Gottesbote. Märtyrer der Nächstenliebe.

Brigitte Muth-Oelschner

Vorwort

von Kardinal Miloslav Vlk, Prag

Auf den Namen Pater Engelmar Unzeitig stieß ich kurz nach der politischen Wende. Ich war Bischof von Böhmisch Budweis – und die ehemaligen Bewohner von Glöckelberg baten mich um die Erlaubnis, zusammen mit Österreichern, Deutschen und Tschechen das über Jahrzehnte leer stehende und teilweise als Munitionslager missbrauchte ehemalige Gotteshaus ihrer Heimatgemeinde restaurieren und wieder als Kirche benützen zu dürfen. Ich stimmte gerne zu. Damals lernte ich auch die große Unzeitig-Biografie »Eine Spur der Liebe hinterlassen« kennen. Seitdem faszinierte mich die Persönlichkeit dieses so jung verstorbenen *Märtyrers der Nächstenliebe.*

Ich glaube, Pater Engelmar hat besonders in unserer Zeit eine ganz große Bedeutung für unsere Völker – für Österreich, Tschechien und Deutschland, aber auch für Russland und die Ukraine. Eigentlich für ganz Europa. Er wurde 1911 als Österreicher geboren, wurde 1919 Tscheche – und unter Hitler schließlich Reichsdeutscher. Heute gehört er uns allen. Sein Bemühen um Frieden und Versöhnung mitten in der Hölle von Dachau war außergewöhnlich; so sein ganz persönlicher Einsatz für flecktyphuskranke russische und ukrainische Häftlinge. Er war der *Engel von Dachau;* ein heiligmäßiger Priester; ein Vorbild für alle Christen.

Ich wünsche diesem Buch viele Leser, und ich gratuliere den Missionaren von Mariannhill zu ihrem so jung und viel zu früh verstorbenen Mitglied aus meiner Heimat. Pater Engelmar war zweifelsohne eine große Persönlichkeit – gewachsen und gereift in der schrecklichen Zeit seiner KZ-Haft. Ich wünsche uns Tschechen, dass wir uns immer wieder an solchen mutigen Männern orientieren. Ich wünsche den Österreichern und Deutschen, dass sie diesen modernen Märtyrer niemals vergessen. Sein Leben, sein Wirken und sein Sterben bezeugen aufs Neue: »Wo Gott nicht sein darf, schickt er einen Engel!«

Miloslav Kardinal Vlk, Prag

Bei Unzeitigs daheim

Man sucht sich das Land und den Ort
seiner Geburt nicht aus. Und liebt doch die Region,
wo man geboren wurde.
GIACONA BELLI

In der Küche herrscht ein seltsames Dämmerlicht. Die Äste der kahlen Bäume im Hof werfen durch das Fenster fast gespenstisch ihre dunklen Schatten in den Raum. Die Kontraste der schwarz-weißen Fliesen auf dem frisch geputzten Boden erscheinen noch härter als sonst. An diesem kalten Januartag des Jahres 1916 wirkt die Küche des Bauernhauses der Familie Unzeitig in Greifendorf sehr ordentlich und aufgeräumt. Nur der große Herd in der Ecke, dessen Feuertür nicht mehr ganz schließt, sodass die helle Glut sichtbar wird und auf dem der Wasserkessel singt, verraten Leben. Auch der Duft, der aus dem Backofen dringt, beweist, dass dieses Haus bewohnt ist.

Da kommt eine überschlanke Frau in die Küche. Maria Cäcilia Unzeitig, ein schmales Gesicht mit durchdringend großen blauen Augen unter dunklen Brauen, läuft zum Herd und reißt die Backofentür auf. Das Brot, das sie dann zum Abkühlen ans Fenster stellt, hat nicht die schöne goldbraune Farbe, die so appetitlich aussieht, sondern zeigt tiefe Risse in der Kruste. Die Hausfrau runzelt unmutig die Stirn. Wieder ist ihr die Mischung aus gemahlener Gerste, Mais und Kartoffeln nicht richtig gelungen.

Auch der Bäcker im Dorf kann aus diesem Gemisch kein richtiges Brot backen. Allerdings sind die Käufer auch nicht mehr anspruchsvoll. Sie nehmen, was immer sie an Esswaren bekommen können – und zahlen Höchstpreise dafür. Fleisch und Fett sind für die Fremden im Dorf fast unerschwinglich geworden. In der Zeitung stand vor einigen Wochen, dass in verschiedenen Gebieten Seuchen ausgebrochen seien.

Im Erzgebirge haben Menschen wegen der fehlenden Nahrung bereits Hungerödeme bekommen. In Mähren wütet der Hunger. Mutter Unzeitig schließt einen Moment die Augen und denkt an ihre Familie. Sie ist jetzt 41 Jahre alt und hat sechs Kinder geboren, zwei Jungen und vier Mädchen. Rudolf starb als Säugling mit neun Monaten. Die beiden großen Töchter Emilie und Marie, ihr einziger Sohn Hubert und die beiden Kleinen, Else und Regina, sind Gott sei Dank gesund und munter.

Als eine »geborene Kohl«, ein Name, der schon im 16. Jahrhundert durch Urkunden verbürgt ist, stammt sie aus einer alten Schönhengstgauer Familie. Die junge Frau hatte sich schwer getan, ihren Heimatort Ober-Heinzendorf zu verlassen und mit ihrem Mann Johann nach Greifendorf überzusiedeln. Dort hatte der Großvater ihres Mannes, Franz Unzeitig, Spross einer alten Bauernfamilie in Pohler, für seinen Sohn Johann mit der Begründung, dieser solle seinen Ehestand »recht« beginnen können, einen Hof mit 13 Hektar Grund und Boden gekauft –

ihre neue Heimat, in die sie und ihr Mann kurz nach ihrer Heirat 1905 gezogen waren.

An den Garten schließen sich die Äcker und Wiesen in Richtung Stangendorf an. Der Wald – früher einmal im Besitz des Bischofs von Ölmütz – liefert genügend Holz, sodass es in der Küche wenigstens warm ist. Die Kanne mit dem dünnen Kaffeeersatz, die hinten auf dem Herd steht, ist jedoch nur noch lauwarm. Als sich die Bäuerin nun eine Tasse von dem braunen Gebräu eingießt, schüttet sie noch kochendes Wasser aus dem Kessel hinzu. Dann leistet sie sich einen richtigen Luxus: aus der Dose, die sie hinten im Schrank versteckt hat, nimmt sie einen Zuckerwürfel und tut ihn genüsslich in den Kaffee, bevor sie sich an den Tisch setzt.

In Gedanken bleibt sie in der Vergangenheit: Im Anfang war der Vater ihres Mannes ihr gegenüber etwas misstrauisch. Wenn es nach ihm gegangen wäre, hätte sein Sohn, der immer gute Zeugnisse nach Hause gebracht hatte, als Zweitgeborener auf Pfarrer studiert. Stattdessen hatte Johann, der ohnehin mehr Freude an der Landwirtschaft hatte, sich schließlich eine Frau von einem Bauernhof geholt, die dazu noch vier Jahr älter war als er. Allerdings war sie, das musste er als zukünftiger Schwiegervater zugeben, gesund und sehr stattlich. Also griff er brummend in die Tasche, zahlte seinen Sohn aus und kaufte für ihn den Hof in Greifendorf.

Maria Cäcilia Unzeitigs Heimatdorf ist eine recht alte Siedlung, die in der »sanften Talmulde der Zwitta«

liegt, wie es in einer alten Ortsbeschreibung heißt. Aufgrund dieser günstigen Lage gelangte das Dorf schon früh zu einer gewissen Bedeutung. Im Heimatkundeunterricht hatte sie von ihrem alten Schulmeister gelernt, dass ein gewisser Bischof Bruno von Schaumburg 1270 den Heinrich von Pohler beauftragt hatte, den Ort Ober-Heinzendorf zu gründen, der aber der Greifendorfer Pfarre unterstand. Das Dorf selbst, ihre neue Heimat, liegt an der Kreuzung der alten Königswege von Brünn nach Zwittau und von Ölmütz nach Prag.

Maria Cäcilia war bisher mit ihrem Johann gut zu Recht gekommen. Als sie ihren zukünftigen Mann kennen lernte, hatten ihre beiden Schwestern etwas über dessen seltsamen Familiennamen gespottet. Aus den Eintragungen in der Familienbibel ihrer Schwiegereltern wusste sie jedoch, dass der Name sehr alt war und so viel wie »unpassend« – »nicht zur rechten Zeit geschehen« bedeutet. Schon im Mittelalter hatte es diesen ungewöhnlichen Namen in der Schreibweise »unzitec« gegeben, 1535 war er erstmalig als »unczayt« urkundlich erwähnt worden.

Arbeit hatte es seit ihrer Verheiratung genug gegeben. Auch in diesem Jahr. Die Heuernte – das Gras wurde natürlich ebenso von Hand gemäht und gewendet wie das Getreide von Hand geschnitten wurde –, hatte sie auch ohne ihren Mann herein bekommen. Die Kartoffelernte fand sie jedoch sehr mühsam. Nach den sechs Kindern, die sie geboren hatte, schmerzt ihr oft vom vielen Bücken der Rücken. Und nach den Kartoffeln kamen noch die Rüben!

Jetzt im Winter ist das Leben für sie etwas leichter. Seitdem ihr Mann an der Front im Osten ist, kann sie nicht mehr wie früher ins Holz gehen. Wenn sie ehrlich ist, vermisst sie diese Plackerei aber auch nicht sonderlich. Maria Cäcilia, sonst immer so geschäftig, denkt nun ganz intensiv an ihren Mann, der sich seit einiger Zeit in russischer Gefangenschaft in Simbirsk an der Wolga befindet. Sie grübelt nicht, wie es ihm wohl jetzt ergehen mag, sondern erinnert sich lieber an die gelegentlichen Schlittenfahrten mit ihm, die auch für die junge Bäuerin etwas Romantisches gehabt hatten. In Gedanken daran muss sie lächeln. Fesch hatte ihr Johann ausgesehen in seiner Fellmütze. Aber auch die Uniform eines Feldwebels des »k.u.k. Ldst. Reg. Nr. 13« stand ihm ausgezeichnet.

Eine schlechte Botschaft

Plötzlich schreckt Maria Cäcilia Unzeitig zusammen. Sie streicht sich mit ihrer schlanken, schon verarbeiteten Hand über die Stirn. Warum sie gerade heute so viel denken und grübeln muss? Natürlich, es ist so ungewohnt, dass die Kinder nicht im Hause sind. An diesem Samstagnachmittag durften sie alle zur Großmutter nach Pohler. Ein Nachbar, der dort Geschäfte erledigen muss, hat sich angeboten, die Rasselbande auf seinem Schlitten mitzunehmen. Nach Anbruch der Dämmerung wollen sie alle wieder daheim sein.

Dann ist es mit der Stille vorbei. Es klopft nämlich laut und vernehmlich an der Vordertür. Seltsam, die Kinder kämen doch laut lachend und schwätzend durch die Küchentür hineingestolpert! Da pocht es schon wieder. Entschlossen reißt sich Frau Unzeitig die Küchenschürze ab, als sie nach vorne zum Haupteingang läuft, um die Tür zu öffnen. Wie seltsam, der Herr Pfarrer! Er schaut sie ernst an und bittet um Einlass. Verwirrt lädt sie ihn ein, in der guten Stube Platz zu nehmen. »Die ist ja gar nicht geheizt«, geht es ihr durch den Kopf, als sie sich verlegen auf einen Stuhl setzt, nachdem sie den Geistlichen in den Sessel genötigt hat, in dem sonst die Schwiegermutter bei ihren jedes Mal sehr willkommenen Besuchen ausruht. Umständlich räuspert sich der hochwürdige Herr, bevor er anfängt: »Sie müssen jetzt sehr tapfer sein und an ihre Kinder denken, Mutter Unzeitig.« Plötzlich weiß die Frau Bescheid: Um sie herum wird es dunkel. Wie aus weiter Ferne hört sie Worte, die ihr behutsam erklären wollen, dass ihr Mann Johann sich mit Typhus infiziert hat und am 14. dieses Monats an dieser heimtückischen Krankheit gestorben ist.
Der Pfarrer kennt die Frau als gute Katholikin. Er versucht, ihr von Gottes Willen zu sprechen, den es immer und überall zu erfüllen gilt. Seine Worte erreichen Maria Cäcilia nicht mehr. Mit einem unnatürlichen Glanz in den Augen bittet sie ihn, er möge doch jetzt so gut sein und sie allein lassen. Mit einem letzten Blick auf die stolze Bäuerin verlässt der Geistliche das Haus, um die Nachbarin zu bitten, sich der jungen Witwe anzunehmen.

Der Zusammenbruch erfolgt erst in der Nacht, nachdem die Kinder nichts ahnend und fröhlich nach Hause gekommen sind. Ihr Vater sei jetzt im Himmel, hatte sie den Kindern gesagt. Die beiden Älteren, Emilie und Marie, fingen an zu weinen. Sie hatten bereits verstanden, dass »im Himmel sein« tot sein bedeutet. Hubert mit seinen fünf Jahren begreift natürlich noch nichts, ebenso wenig die Kleinen, die aber solidarisch mit weinen, als sie die Großen schluchzen sehen. An diesem Abend meckert im Hause Unzeitig niemand über das missratene Kriegsbrot.

Hubert wird später in seinem Lebenslauf über diesen Tag schreiben: »Als uns die Trauerbotschaft hinterbracht wurde, war meine Mutter ganz fassungslos, denn wir Kinder waren noch alle klein oder schulpflichtig, und so sollte meine Mutter mit lauter fremden Leuten weiter wirtschaften....« Dass seine Mutter immer wieder zur Gottesmutter am Kirchberg ging und sich bei dieser Pieta aus dem Jahre 1796 Trost und Kraft holte, wusste der kleine Junge damals freilich nicht. Andächtig las er, sobald er aus der Kinderschule in die »richtige« Schule gekommen war, immer wieder die Verse auf dem Sterbebildchen seines Vaters: *»Fern der Heimat sank ich nieder/ ach, so früh schon kam der Tod./ Seh mein Dörfchen nicht mehr wieder,/ bin am Ziel, bin dort bei Gott. Tröste dich im herben Leide,/ Gattin! Nach so kurzem Glück/ Endet unsres Lebens Freude/ Kinder lass ich Dir zurück./ Hilf dir Gott in schwerer Lage!/ Tröst dich, Vater, Mütterlein/ Einst kommen bessre Tage/ Himmelsglück wird uns erfreun«*

Damals konnte der Knabe noch nicht ahnen, wie schwierig es für den Nachgeborenen ist, wenn ein Glied in der Kette der Familiennachfolge vorzeitig zerbricht und auf einen Sohn Aufgaben zukommen, die eigentlich dem Vater vorbehalten sind. Hubert wird sich bis zum Tode seiner Mutter für die Frau, die ihren Ehemann so früh hergeben musste, verantwortlich fühlen.

Der Tanzbär kommt

Atemlos reißt Hubert die Tür zur Küche auf und wirft seinen Schulranzen achtlos in die Ecke. Erstaunt schaut die Mutter auf das Kind. So erregt kennt sie ihren eher stillen, sonst so zurückhaltenden Hubert gar nicht. Da sprudelt der Kleine, der seit einem halben Jahr mit viel Freude beim Schulleiter Rudolf Oberhauer in die erste Klasse geht, schon das große Ereignis heraus: Ins Dorf seien wieder Slowaken mit einem richtigen Tanzbären gekommen und ob er bitte gleich nach dem Essen ins Dorf könne? Natürlich darf er! Zusammen mit den anderen Dorfjungen läuft er hinter dem zotteligen Tier her, das von seinem Meister an einer langen Kette durch die Gassen geführt wird. In einem seltsamen Singsang, den die Kinder kaum verstehen, weil sie mit ihren Eltern zu Hause Deutsch sprechen und Tschechisch erst in der Schule lernen, bittet der Schausteller um Geld für sich und seinen Petz. Einer der großen Buben habe sich sogar getraut und das Tier am Fell gezupft. »Dann hat sich der Bär umgedreht und ganz wütend mit der Kette gerasselt«, erzählt Hubert abends seinen beiden kleinen Schwestern Else und Regina, die für solche Streiche noch zu klein sind. Die Mädchen dürfen dafür aber öfter zur Großmutter nach Pohler, die immer sehr lieb zu ihnen ist und sie mehr verwöhnt, als es ihrer Schwiegertochter, deren eigene Mutter sehr jung verstorben ist, recht wäre.

Darum sind sie auch bald wieder getröstet, nachdem die Mutter ihnen gesagt hatte, dass sie auch in diesem Jahr noch nicht an der Wallfahrt der Pfarrgemeinde teilnehmen dürfen. Begleitet von den beiden Großen, Emilie und Marie, lässt die Bäuerin dieses fromme Pilgern in keinem Jahr aus. Die beiden Mädchen finden es dabei besonders aufregend, dass sie zusammen mit den anderen Wallfahrern in den Scheunen der Bauern schlafen dürfen. Im Wirtshaus zu Reichenau übernachten außer dem Herrn Bürgermeister Ferdinand Schneider nur einige reiche Bauern.

An jedem 2. August, dem franziskanischen Fest Portiunkula – im heimischen Dialekt heißt es ›Pazzunkela‹ – pilgert die Familie Unzeitig nach Mährisch Trübau, denn nach der kirchlichen Tradition kann man an diesem Tag einen Ablass gewinnen. Obwohl es in diesem ersten Jahr nach dem Tod des Vaters für die Mutter besonders schwer gewesen ist, die Ernte nur mit der Hilfe eines einzigen Knechtes in die Scheuer zu bringen, findet die Bäuerin Grund zu danken. Andächtig betet sie an jedem Feldkreuz zusammen mit ihren Kindern: »*Sei gegrüßt, heilig*

Kreuz, sei mir ein Schlüssel zum Paradies, eine Leiter zum Himmel, ein Schifflein zum Fahren zur ewigen Freud und Glückseligkeit. Amen.«

Für Maria Cäcilia Unzeitig ist es selbstverständlich, nicht nur an den Wallfahrten teilzunehmen, sondern auch abends zusammen mit ihren Kindern zu beten. »Für den Rosenkranz ist immer Zeit«, sagt sie, wenn die beiden Mädchen in der Dämmerstunde das Geflügel versorgt haben und sie selber zusammen mit dem Knecht die Kühe gemolken hat.

Dass sie als Familie gemeinsam jeden Sonntag in die Messe gehen und die Mutter die Kinder meistens nachmittags auch noch in die Andacht begleitet, ist für alle selbstverständlich. Bei ihrer angegriffenen Gesundheit und dem weiten Weg – das Straßendorf ist über sieben Kilometer lang und der Hof Nr.112 der Familie Unzeitig ist immerhin ein gutes Stück von der Pfarrkirche entfernt –, fällt ihr dies nicht immer leicht.

Frau Unzeitig hat sich im Dorf den Ruf erworben, gut und gottesfürchtig zu sein, obwohl sie, die ja aus Ober-Heinzendorf stammt, ja eigentlich eine »Fremde« ist und darum von den Alteingesessenen besonders kritisch beurteilt wird. Übrigens gehen die meisten Dörfler in die Kirche. Nur wenige halten sich an den Spruch. *»Die Berge sieht man am besten von unten, die Kirche von außen und die Gasthäuser von innen.«* Aber selbst diese Spötter kommen spätestens Weihnachten oder in der Karwoche und an Ostern in die Kirche.

Die Kirche im Dorf lassen

Heimat ist hier und dort, ist überall,
wo Menschen uns mögen.
ADALBERT LUDWIG BALLING

Alle Greifendorfer sind sehr stolz auf ihre schöne Kirche. Seit einigen Jahren haben sie einen neuen geschnitzten Altar aus St. Ulrich im Grödnertal. Dieser zeigt neben der Kirchenpatronin Katharina auch die beiden Jungfrauen Dorothea mit einem herrlichen Blumenkorb sowie die Patronin der Zahnkranken, Appolonia, mit einer furchteinflößenden Zange und einem Zahn: Mit diesen und weiteren heiligen Frauen haben sich die Greifendorfer gut eingedeckt und reimen: »*Sankt Barbara mit dem Turm, Sankt Margaretha mit dem Wurm, Sankt Katharina mit dem Radl, sind die schönsten Madl.*«

In der Schule erfährt Hubert Unzeitig, dass Greifendorf bereits 1270 zum ersten Mal urkundlich erwähnt wurde. In den alten Büchern und Urkunden heißt der Ort, der um 1910 bereits 2805 Einwohner hatte, auch Griffendorf, Grandorf, Greifendruf. Die erste Kirche, ein einfacher Holzbau, war ein fürstbischöfliches Patronat und unterstand dem Erzbischof von Olmütz. Nachdem die Kirche zusammen mit dem größten Teil des Ortes abgebrannt war, wurde die Katharinenkirche 1710 erbaut. Der letzte Großbrand wütete 1872 und vernichtete viele Höfe, verschonte aber die Pfarrkirche und die beiden Kapellen, eine davon auf dem Weg nach Stangendorf und eine im Unterdorf. Der Ort liegt an der Eisenbahnlinie von Prag nach Brünn, ein nicht unbedeutender Faktor für seine wirtschaftliche Entwicklung.

Nicht nur in der Heimatkunde erweist sich der Junge als Musterschüler. Im Religionsunterricht gibt er gute Antworten. Von der Mutter hat er gelernt, wie wichtig und bedeutend die Erste Heilige Kommunion ist. Als am 16. Mai 1920 der große Tag gekommen ist, und er aus der Hand von Kooperator Franz Bales die heilige Eucharistie empfängt, ist er noch stiller als sonst. Artig bedankt er sich bei seinen beiden Paten, seinem Onkel Johann Kohl, Bauer von Ober-Heinzendorf, und Rosalia Leicher, einer Bäuerin aus Greifendorf, für die Geschenke, die allerdings recht bescheiden ausgefallen sind. Denn noch immer herrscht der Hunger. Dazu kommt, dass die Tschechen die deutschsprachigen Landesteile besetzt haben…

Frau Unzeitig hat sich etwas Besonderes einfallen lassen: Sie hat den Franz Hanauska gebeten, der über das Dorf hinaus als guter Musikant gilt und bei den wohlhabenden Bürgern bei kirchlichen Feiern, aber auch bei Beerdigungen, aufspielt und sich sonst seinen Lebensunterhalt auf dem Tanzboden verdient, diesen Festtag ihres einzigen Sohnes durch ein Ständchen zu verschönern. Das neunjährige Kind spürt, dass ihm seine Mutter eine besondere Freude machen will. Scheu wendet er sich ihr zu und drückt sie liebevoll. Niemand ahnt, was in diesem Jungen vorgeht, der als guter Schüler glänzt. Von den Kameraden wird er anerkannt, weil er zwar »alles« weiß, aber kein Streber ist. Dazu hat Hubert keine Zeit. Die Landwirtschaft zu Hause ist nicht gerade groß: die Familie baut auf den Feldern, die direkt hinter dem mustergültig bestellten Garten am Haus in Richtung Stangendorf liegen, jetzt vor allem Roggen, Weizen, Gerste, Hafer, Kartoffeln und Rüben an. Während die beiden älteren Töchter für das Vieh zuständig sind, geht Hubert nach Schulschluss mit dem Knecht Wenzel aufs Feld. Die Hausaufgaben werden dann schnell in den Abendstunden erledigt.

Für die meisten Kinder im Ort ist es nicht gerade leicht, vom häuslichen Dialekt auf das Hochdeutsch in der Schule umzustellen; Hubert hat damit keine Probleme. Auch in Tschechisch ist er sehr gut – seine Mutter spricht die Sprache perfekt –, sodass er seinen weniger begabten Kameraden helfen kann. Im Dorf wird schon einmal hinter der vorgehaltenen Hand über die Lehrer an den beiden Volksschulen geschimpft. Es seien die Tschechen, die die Schönhengstgauer unterdrücken, sagen die nicht immer unvoreingenommenen Dörfler.

Die leidvolle Vergangenheit der Mähren

Heimat ist die glücklichere Stunde des Daseins.
Zur Heimat wird ein allmählich dem Unheimlichen
abgerungenes Stück der Welt.
ALEXANDER MITSCHERLICH

Menschen, die sich bis in das 20. Jahrhundert hinein – zum Unterschied von den Deutschböhmen – Deutschmähren nannten, blicken auf eine lange, leidvolle Geschichte zurück. Nachdem die Langobarden im 7. Jahrhundert eingewandert waren, kamen im 10. Jahrhundert deutsche Mönche in das fruchtbare Gebiet nördlich von Brünn. Der erste Bischof von Prag, Thietmar (Dietmar), war Niedersachse.

Den frommen Männern aus den Frankenklöstern Erbach und Langenheim folgten Siedler aus Unter- und Oberfranken, im 11. und 12. Jahrhundert deutsche Kaufleute und Handwerker und im 13. Jahrhundert schließlich die Bauern. Neue Städte wurden gegründet. Das Bistum Olmütz, zu dem das 12 300 Hektar große Gebiet gehörte, war dem Mainzer Erzbistum unterstellt. Das zweite Bistum Leitmischl wurde 1344 errichtet. Während im 15. Jahrhundert Taboriten das Land verwüsteten, entstand in Landskron die deutsche Gemeinde der Böhmischen Brüder, die die Lehre von Jan Hus durch praktische Nächstenliebe erweiterte. Über die Jahrhunderte hindurch fühlten sich die Schönhengstgauer nicht als Deutsche, sondern eher der Donaumonarchie verbunden. Die Mähren waren als Tuchmacher und Leinweber bekannt. Der Zwittauer Blau- und Doppelbarchent wurde weltberühmt. 1860 zählte das schöne Städtchen, dessen herrliche Laubengänge in der Altstadt viele Reisende anlockte, 310 Baumwollweber mit 2000 bis 3000 Hilfsarbeitern. Für viele Schönhengstgauer war es ein harter Schlag, als sie 1918 nach dem verlorenen Krieg von der Donaumonarchie abgetrennt wurden. Sie hatten ihren Kaiser Franz Josef, der am 21. November 1916 im Alter von 86 Jahren gestorben war, geliebt und verehrt.

Nach seinem Tode wurde es für die deutschsprachige Bevölkerung erst richtig schlimm: Im Jahre 1917 brach in Russland die Revolution aus. Als Masaryk den tschechischen Nationalstaat ausrief, hatte er eine Beteiligung der deutschen Volksgruppen mit der Begründung abgelehnt, sie seien ja nur als »Immigranten und Kolonisten« ins Land gekommen. Dabei betrug 1910 der Anteil der deutschen Bevölkerung im Schönhengstgau noch 93 Prozent! Auch die tschechische Regierung tat nicht gerade viel, als im März 1919 in mehreren Orten tschechisches Militär in unbewaffnete Menschengruppen schoss…

Bald hatten die Tschechen die deutschen Landesteile besetzt, die deutschen Beamten aus ihren Stellungen gedrängt und den Großgrundbesitz verstaatlicht. Immerhin gab es in den dreißiger Jahren in der größten sudetendeutschen Sprachinsel mit 123 000 Hektaren neben den sechs Städten Hohenstadt,

Landskron, Mährisch Trübau, Müglitz und Zwittau noch 142 Gemeinden mit insgesamt 126 000 Einwohnern, davon waren 84 % Deutsche. 1935 lebten in Greifendorf fast nur Deutsche, nämlich 2 492 von 2 549 Einwohnern. Nur 13 Orte an der insgesamt 280 Kilometer langen Sprachgrenze, die im Norden und Osten manchmal nur durch ein einziges tschechisches Dorf vom geschlossenen deutschen Sprachraum getrennt wurde, hatten eine tschechische Mehrheit.

Schade um den hellen Kopf

Bei Unzeitigs spricht man nicht über Politik. Hubert sieht viel – und schweigt. Mit den Lehrern, die nicht nur zum größten Teil Tschechen sind, sondern neuerdings auch einige Fächer in Tschechisch unterrichten, kommt Hubert gut aus. Kein Wunder, einen solchen Schüler, der nur Einser und Zweier schreibt und dazu noch sehr bescheiden und zurückhaltend ist, um nicht zu sagen, »still und in sich gekehrt«, muss man einfach gern haben. Für den Jungen selbst ist es fast selbstverständlich, besser als die anderen zu sein. Nein, richtig stolz auf seine Leistungen ist er nicht, dafür fehlt ihm der anerkennende, liebende Blick eines Vaters. Er wird die Verantwortung für Mutter und Schwestern übernehmen müssen – und für den Boden, der einmal sein Eigentum sein wird. Auf ihm lastet die Bürde eines Kindes, das zu früh erwachsen werden musste.

Es wird recht heiß werden an diesem 27. Juni 1925. Mutter Unzeitig steht wieder einmal in der Küche. Diesmal knetet sie in einer großen Schüssel den Teig für ihren berühmten Apfelstrudel, den sie wie keine andere Hausfrau in Greifendorf zuzubereiten versteht. So, das wäre geschafft! Der Teig kann jetzt in der kühlen Kammer ruhen. Heute Mittag, wenn Hubert zum letzten Mal aus der Schule nach Hause kommt, wird sie den Strudelteig hauchdünn über den Tisch ziehen, darauf die letzten eingemachten Apfelstücke aus dem Vorrat legen und dann alles vorsichtig zusammenrollen, bevor sie das Kuchenblech in den heißen Backofen schieben wird. Auf jeden Fall wird sich Hubert heute freuen, wenn er seine Leibspeise, verziert mit viel frischem Rahm – jetzt bei der Hitze besser als heiße Vanillesauce – verspeisen darf. Sie legt noch ein Holzscheit in den Ofen und zieht die Kittelschürze aus. Sie muss sich beeilen, wenn sie noch rechtzeitig zur Abschlussfeier in die Schule kommen will. Zu Ehren der Schulabgänger werden die Kinder ein kleines Theaterstück aufführen, an dem ihr Sohn diesmal nicht teilnehmen wird. Als Primus seines Jahrgangs ist es heute seine Aufgabe, eine kleine Rede zu halten und den Eltern und Lehrern für all ihre Arbeit und Mühe zu danken.

Reden kann er schon, wenn es sein muss! Auch sonst ist er ein heller Kopf. Natürlich wäre es schon schön, wenn er etwas lernen könnte, damit es später durch seinen Lohn noch einen ordentlichen Zustupf zur Haushaltskasse gäbe. Schließlich hatte ihr verstorbener Mann Johann auch daran gedacht, noch nebenbei in einem Büro zu arbeiten, vielleicht sogar noch Beamter zu werden... Maria Cäcilia seufzt. Wie stolz wäre der Vater auf seinen einzigen Sohn gewesen! Aber dann denkt sie wieder an die Gegenwart, in der kein Deutscher mehr eine echte Chance auf dem Arbeitsmarkt hat. Heute bleibt man am besten gleich auf seinem Hof, sinniert sie vor sich hin. Sie findet es richtig, dass sie bereits einen Lehrvertrag mit dem Bauer August Janka in Vresice ausgehandelt hat. Dort soll Hubert ein Jahr lang als Landwirtschaftsgehilfe arbeiten. Es ist nur gut, wenn er zunächst einmal fremde Luft schnuppert, bevor er endgültig nach Hause kommt, tröstet sich die Bäuerin und beeilt sich noch ein bisschen mehr, damit sie noch rechtzeitig ins Schulhaus kommt.

Als Mutter Unzeitig nach einer kurzen Feierstunde – Hubert hat wirklich schön gesprochen, denkt sie mit berechtigtem Stolz – das Zeugnis ihres einzigen Sohnes in der Hand hält, ist sie doch ein wenig überrascht. Ein guter Schüler war er ja immer, aber ein solches Zeugnis! So gute Noten kann man ja kaum glauben! Die beiden Kleinen, Regina und Else, machen dann auch ganz große Augen, als sie es ihnen später laut vorliest. Hubert ist dabei sogar ein wenig rot geworden – die Mutter weiß nicht genau, ob vor Freude oder Verlegenheit. Da steht: »Abschlusszeugnis für Hubert Unzeitig, geboren am 1. März 1911 in Greifendorf. Betragen: Lobenswert. Fleiß: Ausdauernd.« Dann werden die einzelnen Fächer aufgeführt:

»Religion, Bürgerkunde und Bürgererziehung, Lesen, Sprachlehre, Schriftlicher Gedankenaustausch, Erdkunde, Geschichte, Naturgeschichte, Naturlehre, Rechnen, Zeichnen, Schreiben, Gesang, Handarbeit, Körperliche Erziehung, Tschechische Sprache und äußere Form der schriftlichen Arbeiten: Sehr gut!« Fast tut es der Mutter in diesem Augenblick leid, dass sie dem Schulleiter Rudolf Oberhauer so schroff geantwortet hat. Er hatte sie am Ende der Feier, unbemerkt von Hubert und den anderen Eltern und Schülern, für einen Augenblick beiseite genommen, um sie zu fragen, ob sie es sich nicht doch noch einmal überlegen und Hubert weiterlernen lassen wolle. »Wie stellen Sie sich das eigentlich vor, bei vier Töchtern und nur einem einzigen Sohn?« hatte sie schärfer geantwortet als beabsichtigt. Dass es ihr gesundheitlich oft nicht gut geht – mit ihren 50 Jahren befindet sie sich in den Wechseljahren und die harte körperliche Arbeit hat sie bereits schwer gezeichnet – geht natürlich niemanden etwas an.

Wieder daheim

Der 9. Juli 1926 ist ebenfalls ein schöner, klarer Sommertag und wieder ein Festtag im Hause der Familie Unzeitig. Dieses Mal ist sogar die Großmutter aus Pohler gekommen. Schließlich will sie dabei sein, wenn ihr Lieblingsenkel Hubert, der zukünftige Hoferbe, aus dem Tschechischen, wo er ein ganzes Jahr so ziemlich alle Arbeiten verrichten musste, die von einem Jungknecht nun einmal verlangt werden, wieder auf die eigene Scholle, auf den eigenen Hof zurückkehrt. Ein weiterer wichtiger Schritt, um einmal das Erbe seines Vaters zu übernehmen! Zu lesen hat sie ihm auch viel mitgebracht. Alle Nummern der Zeitschrift ›Vergißmeinnicht‹ mit den spannenden Missionsgeschichten aus Südafrika – über Abt Pfanner und seine Leute –, hat sie ihm aufbewahrt.

Schon kommt das Ochsengespann, geführt von Wenzel auf dem Kutschbock, heran. Die Mädchen – alle vier hatten ihren einzigen Bruder von der Bahnstation abholen wollen – rufen fröhlich durcheinander. Da steht auch schon Hubert in der Küche. Wie groß der Bub geworden ist und wie gut er trotz der harten Arbeit ausschaut! Nach der Mutter schließt die Großmutter gerührt den Heimgekehrten in die Arme. Der »einzige Mann in der Familie«, an den sich so viele Erwartungen und Hoffnungen knüpfen, ist wieder zu Hause.

»Los, mach endlich fertig mit dem Kuchen«, ruft Regina schließlich ungeduldig, nachdem sich Hubert noch ein Stück von dem goldgelben Gugelhupf hat geben lassen. Erstaunt schaut der Junge auf. So kennt er seine Schwester ja gar nicht! Freilich, in diesem Jahr sind ihm die Mädchen alle etwas fremd geworden. Emilie und Marie könnten, wenn sie in der Stadt lebten, fast schon junge Damen sein! Verwundert blickt er seine Mutter an, dann seine Großmutter, die ihm beide liebevoll zulächeln. »Es gibt noch eine Überraschung für dich, im Schuppen«, verrät ihm nun die vorlaute Regina. Endlich ist es so weit. Die Familie geht zusammen hinter das Haus, dann öffnet Marie mit einem Schwung die Tür zum Anbau. Hubert glaubt zu träumen: Da steht ein funkelnagelneues schwarzes Herrenrad!

In den nächsten Wochen und Monaten nutzt Hubert jede freie Minute, um sich die Umgebung anzusehen. Er ist stolz auf seine Heimat, die einer Sage zufolge ihren Namen von einem besonders schönen Hengst haben soll. Wenn das Wetter zu schlecht ist – vor allem auch in den Wintermonaten – verkriecht sich der Junge am liebsten auf die Bank am Kachelofen in der guten Stube und vertieft sich in seine Bücher. Er hat immer welche auf dem Spind liegen. Er leiht sie sich vom Vereinshaus oder auch schon mal vom Herrn Pfarrer. Wenn die Mädchen aber die Karten holen, lässt er sich nicht lange bitten, selbst wenn das Buch gerade noch so spannend ist. »Manchmal lässt er mich beim Kartenspielen sogar gewinnen«, vertraut Regina einmal ihrer Freundin Emmi an, die sich ein bisschen für den Hubert interessiert. »Aber nur ein ganz klein wenig«, fügt das Mädchen schnell hinzu. Emmi weiß nämlich, dass der Hubert Unzeitig weder sie noch andere anguckt und auch sonst keine Freunde hat. Dazu gibt es auch viel zu viel Arbeit auf dem Unzeitighof. Und er wird ja später wohl eine Bäuerin als Frau heimführen. In diesen Zeiten können sich die Mädchen im Schönhengstgau nicht erlauben, sehr lange zu träumen…

Ich muss doch wohl Priester werden

Dein bin ich, geboren zu Dir.
TERESA VON AVILA

An diesem Vorfrühlingstag ist es wieder einmal kalt und ungemütlich in der Küche. Frau Unzeitig zieht fröstelnd das dunkle Wolltuch enger um die Schulter, bevor sie sich bückt, um die ersten Holzscheite in den Herd zu schieben. Da fällt die Tür leise ins Schloss. Sie schaut sich um und sieht ihren Sohn in der Küche stehen. Hubert hat es sich in diesen Wochen der Fastenzeit angewöhnt, schon jeden Morgen um 5 Uhr aufzustehen. Die Mutter findet es für einen Jungen, der noch im Wachsen ist – 1.68 ist der Siebzehnjährige jetzt groß – eigentlich zu anstrengend, schon um diese Zeit in den Stall zu gehen und das Vieh zu versorgen, damit er dann um 6.30 Uhr an der Frühmesse teilnehmen kann. « Möchtest Du etwas Kaffee?« fragt sie ihn freundlich. Freilich weiß sie, dass er sich morgens am liebsten nüchtern auf den Weg macht, um während der Heiligen Messe auch die Kommunion zu empfangen. »Nein danke, ich möchte aber gerne mit dir reden.« Hubert spricht leise und angestrengt. »Was er wohl haben mag?« sorgt sie sich. Ihr Sohn setzt sich an den Tisch.

Die Mutter spürt, dass ihr Kind ihr etwas Ungewöhnliches zu sagen hat. Erstaunt und ein wenig beunruhigt setzt sie sich ebenfalls an den noch nicht gedeckten Tisch und vergisst für einen Moment ihre häuslichen Pflichten. »Schau, Mutter, ich habe viel darüber nachgedacht und auch gebetet...« Hubert tut sich schwer mit dem Sprechen. Vor lauter Angst und Schüchternheit ist sein Gesicht noch blasser als sonst. Für einen Augenblick schließt er die Augen. In den vergangenen Nächten, in denen er sich vor dem Einschlafen immer wieder ausgemalt hat, wie er diese Unterredung mit seiner Mutter führen würde, hatte es doch ganz gut geklappt! »Ich muss da durch, ich muss es ihr jetzt sagen«, ermutigt er sich selbst und schaut die Frau, die seine Mutter ist und in ihm ebenso selbstverständlich den Hoferben gesehen hat wie alle anderen, mit seinen blauen Augen fest an. »Weißt, ich habe ja zuerst auch gedacht, ich könnte nicht, aber ich glaube, ich muss doch wohl Priester und Missionar werden!«

Jetzt ist es heraus. Seine Knie zittern ein bisschen. So schwer hatte sich Hubert dieses Geständnis nicht vorgestellt. »Aber das geht doch gar nicht! Was soll aus dem Hof werden?« Diese Antwort kommt fast automatisch. Maria Cäcilia hat gar nicht nachgedacht, sie sieht ihre schlimmsten Befürchtungen bestätigt. Nicht nur, dass Hubert keine heilige Messe versäumt. Noch eifriger als früher betet er den Rosenkranz und hat auch bisher keine Kreuzwegandacht ausgelassen. Und obendrein hat er sich selbst primitive Sandalen gemacht, in denen er jetzt während der Fastenzeit herumläuft, obwohl es doch noch fast Winter ist. Sie hat ihren Sohn gewähren lassen, geht sie doch selbst, so oft es ihre Arbeit erlaubt, zur Schmerzhaften Muttergottes beten.

Aber es scheint nicht richtig gewesen zu sein, dass sie ihrem Sohn die frommen Übungen erlaubt hat. Wie wäre er sonst auf diese Idee gekommen? Ein Hoferbe kann doch nicht Priester werden! Die Frau, die mit Leib und Seele Bäuerin ist und sich »der heimischen Scholle verpflichtet weiß«, wie man jetzt so oft sagt, ist total verwirrt. Was soll sie sagen? Fast mechanisch wiederholt sie: »Nein, Hubert, es geht wirklich nicht. Es sind doch außer Dir nur die Mädchen da.« Sie zögert: »Freilich, wenn Dein Vater noch lebte und der kleine Robert nicht so früh gestorben wäre, sähe alles anders aus – aber so....«
»Mutter«, unterbricht sie der junge Mann, der jetzt gar nicht mehr schüchtern, sondern sehr klar wirkt: »Ich habe so viel nachgedacht und auch gebetet. Ich glaube, ich kann nicht wirklich glücklich werden, wenn ich nicht das tue, was der Herrgott von mir will. Und glaube mir, ich bin ganz sicher, dass ich Priester werden muss. Gott will das von mir.«
Bestürzt schweigt die Bäuerin. So bestimmt hat ihr Sohn bisher noch nie zu ihr gesprochen.

Von der Schwierigkeit, einen Studienplatz zu finden

Diese Woche in der Fastenzeit geht nur sehr langsam ihrem Ende zu. Von der morgendlichen Unterredung in der Küche wird nicht mehr gesprochen. Hubert hat Angst – aber er betet. Die richtige Entscheidung wird kommen, da ist er gewiss. In seinem Unbewussten lebt jedoch der unausgesprochene Auftrag seines Vaters fort, das ererbte Land zu bestellen und als Nachfolger seiner würdig zu werden.

Am Samstagnachmittag – Hubert ist in die Kreuzwegandacht gegangen –, ruft die Mutter ihre vier Töchter. Die beiden erwachsenen Mädchen, Marie und Emilie, schauen sich bedeutungsvoll an, als die Mutter ihnen sagt, sie möchte in der guten Stube mit ihnen sprechen. Sie haben längst bemerkt, dass ihre Mama in den letzten Tagen merkwürdig bedrückt wirkt. In einfachen Worten berichtet sie nun von Huberts Wunsch. Die älteren Töchter sind nun auch verwirrt. Es liegt doch auf der Hand, dass man als Hoferbe nicht Priester werden kann! Was soll das also? »Aber ist es wirklich so schlimm, wenn er es so sehr möchte?« fragt die kleine Else. Sie liebt ihren großen Bruder sehr und schließlich sind sie und Regina ja ebenfalls bald erwachsen. Erst neulich hat ihnen die Großmutter wieder gesagt, wie tüchtig sie ihrer Mutter helfen und sie sehr gelobt. Die beiden Großen sind da schon realistischer. Sie kennen die Arbeit auf dem Hof, wissen, wie hart es die Bäuerin in den Jahren hatte, als sie noch kleiner waren und die Arbeit allein mit dem Knecht Wenzel geschafft werden musste. Und irgendwann möchten sie ja auch einmal heiraten...

Zu studieren, Pfarrer zu werden, das kostet ja schließlich auch viel Geld, Geld, das sie ja gar nicht haben! Aufgeregt sprechen die Unzeitig-Mädchen durcheinander. Sie haben es ja fast gewusst, dass es einmal so kommen würde. Natürlich, extra-fromm ist der Hubert nie gewesen, aber er hat immer so viel gelesen, vor allem auch in den schönen Missionszeitschriften... Und gut in der Schule war er ja auch. Rektor Oberhauer hatte ja schon bei Huberts Entlassung geraten, ihn doch studieren zu lassen. Als es in der Stube dunkel geworden ist, haben alle vier Töchter der Mutter feierlich versprochen, sie nicht im Stich zu lassen, auf dem Hof zu bleiben und ihr bei der Arbeit zu helfen. Der Weg für Hubert Unzeitig scheint frei.

Der ist vom Herrgott selbst gerufen

Der Herr braucht dich, um das, was er anfing,
in dieser Welt weiterzubauen.
PAUL CLAUDEL

Der Dorfpfarrer ist nicht erstaunt, als er von Huberts Plänen hört. Er hatte eigentlich immer damit gerechnet, dass Hubert Priester werden möchte. Aber er weiß auch, wie schwierig es gerade für die Witwe Unzeitig sein muss, ihren Sohn studieren zu lassen. Dazu kommt, dass alle Internate im Schönhengstgau überfüllt sind. Wenn die Umstände offensichtlich so ungünstig sind wie bei diesem jungen Burschen hier, kann es dann wirklich eine echte Berufung sein? Der Pfarrer wiegt den Kopf bedenklich hin und her und schickt seinen jungen Besucher zu Pater Vinzenz in das Kloster der Redemptoristen nach Vierzighuben. Der kennt sich aus mit jungen Menschen. Er kann sicherlich noch besser als er, der den Jungen ja von klein auf kennt und darum voreingenommen sein könnte, entscheiden, ob hier eine echte Berufung vorliegt oder nicht. Hubert ist gar nicht so begeistert, als der Pfarrer ihm rät, nach Vierzighuben zu gehen und sich dort prüfen zu lassen. Er ist überzeugt, lange genug gewartet zu haben. Schließlich weiß er es schon seit Weihnachten, dass Gott ihn dazu berufen hat, ganz in seinen Dienst zu treten.

Die Mutter lässt es sich nicht nehmen, Hubert ins Kloster zu begleiten. »Komm, Hubert, lass uns noch einmal beten, dass alles recht kommt« ermuntert sie ihn und tritt mit ihrem Buben in die neuromanische Josefs-Kirche ein, die schon von weitem so imposant ausschaut. Nach einer stillen Andacht geht es zu der entscheidenden Unterredung, vor der Mutter und Sohn beide etwas Angst haben. Muss ich wirklich dieses Opfer bringen? fragt sich Maria Cäcilia, als sie noch einmal alleine in die Kirche geschlüpft ist, um die Zeit zu überbrücken. Dann sitzt sie wieder still im Wartezimmer. Vor lauter Nervosität zupft sie ein wenig die Fransen der Häkeldecke glatt, die auf dem polierten Tisch des kleinen Raumes liegt, in den die blasse Frühlingssonne scheint.

Als ihr Sohn endlich das Sprechzimmer des Redemptoristen verlässt, hat der alte Pater auch noch ein paar gütige Worte für sie. Er spricht zu ihr von der Schwere des Opfers, aber auch davon, dass niemand einen Menschen zurückhalten kann und darf: »Ihren Sohn hat der Herrgott selbst gerufen«, tröstet er sie. Hubert hat er das Wort mit auf den Weg gegeben: »Wer Vater und Mutter mehr liebt als mich, ist meiner nicht wert.« Hubert ist bereit, den ihm vorgegebenen Weg als Bauer und Hoferbe zu verlassen und seinem Heiland – wenn auch mit Angst und klopfendem Herzen – zu folgen.

Mit viel Freude stellt Kooperator Josef Hübner am 7. April ein Sittenzeugnis aus, das Hubert braucht, wenn er sich um einen Platz in einem Seminar bewerben will. Darin steht, dass sich Hubert in sittlicher und religiöser Beziehung stets tadellos verhalten hat. »Ich kenne ihn persönlich, da er mein Schüler war und sich schon in der Schule durch seinen Fleiß und seine Frömmigkeit hervorgetan hat. Und so blieb er auch, als er schon aus der Schule ausgetreten war, sodass ich ihm nur das beste Zeugnis ausstellen kann.« Nun steht den Bewerbungen nichts mehr im Weg.

Hubert Unzeitig hat verschiedene Seminare angeschrieben, aber immer wieder erhält er abschlägige Antworten. Die Gründe sind fast immer die gleichen: man weist auf sein Alter mit der Bemerkung hin, für die gewöhnliche Studienlaufbahn sei er mit seinen siebzehn Jahren schon viel zu alt. Da fällt ihm das Spätberufenenseminar der Mariannhiller ein. Im Grunde seines Herzens weiß er längst, dass er am liebsten Missionar werden möchte. Allerdings hatte ihm der Kooperator in einem längeren Gespräch zu erklären versucht, dass der Priestermangel in der Heimat auch groß sei....

Wieder setzt sich Hubert an den blank gescheuerten Küchentisch und schreibt, diesmal nach Deutschland: »Da ich die Volksschule mit bestem Erfolg absolvierte, so fragten mich meine Lehrer schon zweimal, ob ich nicht studieren möchte. Da aber meine Mutter öfters kränklich war und ich nur der einzige lebende männliche Nachkomme meines Vaters bin und es auch an den zum Studium notwendigen Mitteln fehlt, so schlug ich mir den Gedanken immer wieder aus dem Kopf. Aber heuer zu Weihnachten wurde ich noch einmal durch die Stimme des Gewissens gemahnt, dass ich für einen anderen Beruf bestimmt bin. Nun, da wir außerstande sind, das Geld zum Studium aufzubringen, so weiß ich nicht, was ich in diesem Falle beginnen soll.«

Auf nach Deutschland

Dann geht es ganz schnell. »Da hab ich einen Brief aus Deutschland für Dich«, ruft Jan, der Briefträger, eines mittags Hubert zu und reicht ihm über den Stickelzaun den Brief mit den bunten Marken. »Ja, danke«, sagt Hubert und wischt sich seine Hände an der blauen Drillichhose ab, bevor er das Schreiben, das diesmal schwerer ist als die üblichen Briefe mit den Absagen, in Empfang nimmt. Sein Gefühl täuscht ihn nicht. Die Mariannhiller sind bereit, ihn aufzunehmen! Hubert atmet tief auf: »Lieber Gott, ich danke Dir!« Dann läuft er mit der guten Nachricht zu seiner Mutter.

Später schreibt Hubert: »Ich fühlte mich gedrängt, in Christi Dienst zu treten zur Rettung der Menschenseelen. Durch die Mariannhiller Zeitschriften und Kalender auf die Mission aufmerksam gemacht, beschloss ich, mein Leben der Bekehrung der Heiden zu widmen. Man riet mir anfangs ab und wies mich auf den Priestermangel in der Heimat hin. Anfragen wurden dahin und dorthin gerichtet, aber zu meinem größten Erstaunen und zugleich zu meiner größten Freude erhielt ich von überall her ungünstige Antworten. Vor allem war ich auch zu alt (mit 17) für die gewöhnliche Studienlaufbahn. Das Seminar in Reimlingen jedoch versprach, allen Schwierigkeiten abzuhelfen.«

Bald herrscht Hektik im Haus der Unzeitigs mit der Nummer 112. Die alte Kathrin, die schon früher der Mutter im Winter beim Ausbessern der Wäsche geholfen hat, ist für ein paar Tage gekommen. Da müssen die Laken gesäumt, die Hemden nachgebessert, die Unterwäsche ergänzt und in alle Kleidungsstücke Huberts Wäschenummer eingestickt werden. Die Mädchen helfen eifrig mit, denn ihr Bruder soll schon gleich nach Ostern nach Deutschland fahren.

Hubert selber scheint gar nicht so richtig glücklich zu sein. Er trifft sich jetzt öfter mit Gustav Schneider, der aus dem Mitteldorf stammt, während Hubert ja im Oberdorf wohnt. Der junge Mann, ebenfalls Seminarist, ist bereits seit einiger Zeit bei den Mariannhillern. Die beiden sehen sich werktags in der Kirche und sprechen nach dem Gottesdienst ein wenig miteinander. Als ihn Gustav schließlich einmal ein bisschen zu sehr neckt und meint, er könne doch jetzt froh sein, so schnell nach Reimlingen zu kommen, schaut ihn Hubert ernst an: »Meinst du, es sei so leicht für mich, alle Arbeit meinen Schwestern zu überlassen und einfach davon zu gehen?« fragt er ihn etwas vorwurfsvoll. Beschämt schweigt Gustav. Natürlich, daran hatte er nicht gedacht! So einfach sind für Hubert die Dinge nicht. Aber der nimmt auch alles wirklich schwer und fühlt sich verantwortlich, meint der Ältere bei sich, bevor er sich von dem so viel ernsteren Kameraden herzlich verabschiedet.

Hubert sehnt sich nach einer starken und gütigen väterlichen Hand, die ihn liebevoll hält. Gleichzeitig lastet aber auch das Wissen, eigentlich die Stelle des Vaters einnehmen zu müssen, wie eine schwere Bürde auf ihm. Trotz seiner Gewissheit, Gottes Ruf zu folgen, ist er immer wieder ängstlich darauf bedacht, auch ja das Richtige zu tun...

Der erste Schritt zum Ziel

Monoton rattert der Zug durch die Frühlingslandschaft. Vor ein paar Stunden hat ein leichtes Schneetreiben eingesetzt und deckt nun das erste zarte Grün der Bäume zu. Ein bisschen spät, dieser Schnee am 18. April 1928... Die beiden jungen Männer, die allmählich unruhig auf den harten Holzbänken der dritten Klasse hin und her rutschen, unterhalten sich eifrig. Karl Bieberle und Hubert haben gemeinsam die Fahrt von Zwittau nach Nördlingen und von da aus nach Reimlingen angetreten. Gestern Abend ist Karl, immerhin schon 29 Jahre alt, aus Kronau bei Mährisch-Trübau von seinem Vater zu den Unzeitigs gebracht worden, damit die beiden zukünftigen Seminaristen dann am nächsten Morgen zusammen die Reise antreten konnten.

Hubert – Ostern war Karl bereits in Greifendorf vorbeigekommen – war dies sehr recht so. Da fiel der Abschied von daheim – vor allem von seiner Mutter

– nicht ganz so schwer! Mit den Schwestern war es übrigens ganz leicht gegangen. Sie hatten die beiden jungen Männer mit dem Schlitten zum Bahnhof gebracht – dort, in der Öffentlichkeit, blieb keine Gelegenheit für Sentimentalitäten. Denn wer zeigt schon Gefühle –– und das noch in Gegenwart anderer? Ein »Lebewohl, mach›s gut – noch einmal danke« – so beginnt für Hubert der Schritt ins neue Leben.

Wie dies aussehen wird, erzählt ihnen bald ein ›erfahrener‹ Reimlinger, ein gestandener Mann Anfang 30, der in Eger zugestiegen ist und sich jetzt als Spätberufener auf das Abitur vorbereitet. So vergeht die Zeit der langen Bahnfahrt, über Prag, Pilsen, Karlsbad, Eger, dann über die Grenze nach Nürnberg, von dort nach Nördlingen – und endlich weiter nach Reimlingen.

Der Ort liegt etwa in der Mitte von Stuttgart, Nürnberg und Augsburg in einer sehr fruchtbaren Landschaft, sodass die Gegend (Ries genannt) zu recht den Namen ›Kornkammer Bayerns‹ trägt. Mitte des 16. Jahrhunderts errichtete der Comtur des Deutschordens, Volprecht von Schwalbach, ein Schloss, das nach einem wechselvollen Schicksal der rasch aufblühende Orden der Mariannhiller Missionare 1920 erworben hatte. Gleichzeitig errichteten die Patres und Brüder dicht daneben ein Seminar, das den Nachwuchs der jungen Kongregation aufnehmen sollte. Wie es ihnen ihr Gründer-Abt Franz Pfanner vorgemacht hatte, wurden ebenfalls ein landwirtschaftlicher Betrieb, mehrere Lehrwerkstätten und eine Missionsdruckerei eingerichtet, die schon bald als Musterbetriebe galten. Der Missions-Abt hatte als Trappist in Südafrika besonderen Wert auf die Landwirtschaft gelegt, sich aber gleichzeitig wie kein anderer zu seiner Zeit der Presse bedient, um seine Ideen und missionarischen Ziele zu verwirklichen. Dieses erfolgreiche »Modell« wenden nun die Patres und Brüder auch in Reimlingen an.

Heute wimmelt es im Seminargebäude nur so durcheinander. 60 neue Schüler suchen ihre Schlafräume, verirren sich in den Fluren, stolpern über halb geöffnete Koffer und im Weg liegende Rucksäcke. Die herzlichen Begrüßungsworte des Rektors der Schule für die Spätberufenen, Pater Ludwig Maria Tremel, der gleichzeitig auch Provinzial ist, geben Ruhe und Sicherheit. Es werden zwei Klassen zu je 30 Schülern eingerichtet. Karl und Hubert, die beiden Schönhengstgauer, dürfen zusammenbleiben und kommen in die Klasse 1 b. Als Karl den Hubert angrinst, flüstert der Jüngere zurück: »Du, ich finde das auch prima, dass wir zusammenbleiben dürfen.«

Doch bald geht der jüngere Greifendorfer seine eigenen Wege. Nicht, dass er sich absondert. Wenn Ferdi, der manchmal etwas Mühe hat, besonders in Latein und Griechisch, zu ihm kommt und ihn bittet, ihm noch einmal den Gebrauch des Ablativs bei ›cum‹ zu erklären, klappt Hubert sofort seine Bücher zu. »Und irgendwelche Bücher hat er immer bei sich, und sei es auch nur ein Lexikon, aus dem er etwas abschreibt!«, klatscht Ferdi seinem Freund

und Spezi Albert. »Na ja, er ist ja nun einmal unser Bücherwurm«, begütigt dieser den aufgebrachten Jungen. Heimlich bewundert er nämlich Hubert, weil er so bescheiden ist.

Während der Junge – er ist mit seinen 13 Jahren der Jüngste in der Klasse und fängt gerade an, so richtig zu wachsen –, sich mit dem Essen sehr beeilt, um noch ein zweites Mal kräftig zulangen zu können, ist Hubert eher zurückhaltend. Und wenn man ihn fragt, schenkt er sonntags sogar seine Nachspeise her. Wer kann das schon so richtig verstehen? Ferdi jedenfalls begreift den Unzeitig Hubert nicht immer.

So gut – und doch kein Musterschüler

Hubert hält die Internatsregeln genau ein. Bei ihm kommt es einfach so gut wie nie vor, dass er nach dem Abendgebet, wenn die Seminaristen schweigen sollen, noch mit seinem Bettnachbar flüstert und morgens, wenn die Glocke zum Wecken ertönt, sich noch einmal auf die andere Seite dreht und weiterschläft. Wenn der Hubert nicht so nett und hilfsbereit wäre, könnte man ihn direkt für einen Streber und Musterschüler halten. Aber dazu ist er auch im Sport zu gut. Ferdi seufzt, als er an sein heimliches Ideal denkt. So wie er möchte er auch sein können! Wenn er nur an Huberts Zeugnisse denkt: In den meisten Fächern hat er ein ›Sehr gut‹, im Rest eine Zwei, ein Gut. »Gepachtet«, wie Ferdi mit ein bisschen Neid in der Stimme sagt, hat der Unzeitig eine Eins in Betragen, Fleiß und Turnen, außerdem in Geschichte, Naturkunde und Geographie. In Deutsch schwanken seine Noten zwischen Eins und Zwei; in den Sprachen Latein, Griechisch, Englisch und Hebräisch hat er meistens eine Zwei, ebenso in Mathematik und Physik.

Die Einträge in den Klassenbüchern, mit denen es die Klassenlehrer sehr genau nehmen, enthalten ebenfalls nur Lob: »Sehr intelligent und regsam, sehr gute Begabung, recht aussichtsreich« und später: »Offener, gerader, Vertrauen erweckender Blick. Sehr gute Begabung, guter Turner. Sehr intelligent, tiefer Denker, ausgereift, wissenshungrig (studiert das Konversationslexikon), gewandt in der sprachlichen Darstellung. Hervorragender Charakter, unbedingt zuverlässig, und auch im Kleinsten getreu, enorm fleißig, eine Persönlichkeit. Für Universitätsstudium hervorragend geeignet. Trotz seiner hohen Intelligenz sehr bescheiden und zurückhaltend und daher auch für klösterliche Gemeinschaften gut geeignet. Führereigenschaften.«

Gut, dass Hubert diese Bemerkungen, die im Laufe der Schuljahre über ihn gemacht werden, nicht kennt. Vermutlich würden ihn diese auch nur wenig interessieren. Ihm ist es am liebsten, wenn er abends allein in der Hauskapelle des Seminars vor dem Bild der Gottesmutter knien und mit Maria Zwiesprache halten kann. Oft gehen seine Gedanken nach Greifendorf. Ob die Mädchen ihr Versprechen auch wirklich halten und der Mutter genügend zur Hand gehen?

Manchmal macht er sich richtig Sorgen. Trägt er als Hoferbe nicht doch noch die Verantwortung für die Familie? Von daheim hört er nur wenig. Schreiben ist nicht gerade die Stärke der Unzeitig-Frauen.

Da fällt ihm wieder die Religionsstunde ein, als P. Ludwig Tremel, der auch sein Religionslehrer war, die Schüler fragte, was eigentlich für die Menschen am wichtigsten sei: »Im Leben konsequent sein«, hatte Hubert geantwortet. Darüber hatten einige seiner Mitschüler etwas gekichert, aber Hubert wusste ja, wovon er sprach. Für ihn bedeutet konsequent sein nichts anderes, als Gottes Willen zu erfüllen, seinem Ruf zu folgen, auf die Heimat, auf den Hof zu verzichten, seiner Bestimmung als Hoferbe untreu zu werden und der Mutter und den Mädchen die Arbeit aufzubürden, die ja eigentlich die seine wäre.

Aber jetzt ist es wieder einmal so weit. Der Rucksack ist gepackt, das Schuljahr ist zu Ende. Karl und er werden sich morgen auf den umständlichen Weg in die Heimat machen – leider nur einmal im Jahr, da die Reise für die aus Schlesien, Ostpreußen und der Tschechoslowakei stammenden Seminaristen einfach zu weit und zu teuer ist.

Den Koffer aufmachen

Hubert hat immer Angst vor der Fahrt. Kaum sitzt er im Zug von Nördlingen in Richtung Nürnberg, geht es schon los. Ihm wird übel und schwarz vor den

Augen. Zum Brechreiz gesellen sich heftige Kopfschmerzen. Das helle Licht der Sonne, die einmal blendet und dann die vorbeihuschende Landschaft wieder in Schatten taucht, scheint bei ihm Migräne-Anfälle auszulösen. Hubert hat stechende Schmerzen, es ist ihm schlecht. Zwar hatte er vor Antritt der Fahrt die Medikamente genommen, die ihm der Krankenbruder immer vorsorglich mitgibt. Er hat allerdings das dumpfe Gefühlt, dass sie ihm nicht gerade viel nützen. Er wird nur benommen davon… Strenge tschechische Stimmen lassen ihn hochfahren. Grenzkontrolle! Hubert spürt, wie sein Herz klopft. Feiner Schweiß steht auf seiner Stirn. Die Hände hat er schnell in die Hosentaschen gesteckt. Die Tschechen sollen nicht merken, dass er Angst hat und ein bisschen zittert. Diesmal sind die beiden Kontrolleure wieder besonders gemein. « Los, das Gepäck aufmachen«, befiehlt der Ältere der beiden den jungen Männern und deutet auf den etwas abgewetzten Koffer von Karl. Der muss alles rausholen: nicht nur Hemden und Hosen, auch die schmutzige Unterwäsche muss einzeln vorgezeigt werden. Reine Schikane! Dann ist Hubert an der Reihe. Sein Rucksack wird genau inspiziert. Und jetzt passiert das Unglück: Hubert hat aus der Bibliothek ein Buch über Russland mitgenommen, das er in den Sommerferien zu Hause lesen möchte. Ihn interessiert das Land, in dem jetzt der gottlose Bolschewismus herrscht, so sehr, dass er sich in der Schule, ganz entgegen seiner sonstigen Art, einmal sehr ereifert hat, als die Rede auf den großen östlichen Nachbarn kam. »Wir müssen dort einmal als Missionare wirken und am besten schon jetzt anfangen, Russisch zu lernen«, hatte er in der Klasse leidenschaftlich seine Meinung vertreten. Er war erst verstummt, als ihn alle Mitschüler erstaunt ansahen. Sie wollten es doch alle ihrem Gründer, Abt Franz, gleichtun und später einmal das Evangelium den Afrikanern, den Heiden, verkünden. Hubert war errötet, hatte etwas verlegen gelächelt und dann geschwiegen.

»Mitkommen« verlangt der Zöllner jetzt und verlässt mit dem Buch und den Pässen der Beiden das Abteil. Die Seminaristen müssen aussteigen. Als sie nach einer Stunde zurückkommen, ist Hubert kreideweiß. Auf der Bahnhofstoilette hat er sich eben ordentlich übergeben müssen. Als Folge der Reisekrankheit, aus Angst? Der junge Mann setzt sich schweigend auf die harte Bank der Holzklasse.

Wie kann man nur Unzeitig heißen

Erster Schultag nach den Sommerferien. Die Spannung in der Klasse ist groß. Da soll ein neuer Lehrer kommen, ein noch junger Pater. Wie der wohl sein mag? Da geht auch schon die Klassentür auf und wird gleich darauf energisch geschlossen. Schnell erstirbt das allgemeine Gemurmel. Die Schüler merken sofort an dem kurzen Haarschnitt, dem strengen Blick und den energischen Bewegungen des Neuen, dass hier ein Vorgesetzter vor ihnen steht, der sich schnell Respekt verschaffen möchte.

Nach einer knappen Rede, in der er die zukünftigen Missionare daran erinnert, warum und für welch hehres Ziel sie hier sind, fängt er an, die Namen aufzurufen. Gleichzeitig bittet er die Schüler, auch ihre bisherigen Noten zu nennen. »Aber bitte in sämtlichen Fächern, damit ich mir ein möglichst genaues Bild von Ihnen und Ihren Leistungen machen kann.« Da schaut manch einer etwas betreten vor sich hin. Ferdi, immer noch sehr temperamentvoll, wagt es sogar, mit seinen groben Schuhen etwas hörbar über den Fußboden zu scharren. Aber dieser Protest hilft natürlich nichts. Die Schüler müssen sich und ihre Leistungen vorstellen. Endlich ist auch Hubert an der Reihe, dessen Name in diesem Kurs an letzter Stelle des Alphabets steht. Der neue Lehrer entspannt sich, schaut Hubert durch seine scharfen Augengläser an und gestattet sich, als er den Namen ›Unzeitig‹ hört, eine flapsige Bemerkung: »Na, hoffentlich sind die Leistungen nicht auch so unzeitig wie der Name?«
Da blitzt es in Huberts Augen auf. Er kennt die Scherze über ›Unzeitig‹, der ja ein anderer Ausdruck für ›unreif‹ ist. Aber jetzt reicht es ihm! Er holt tief Luft und legt los: »Betragen lobenswert, Fleiß lobenswert« und dann rattert er die Einser und Zweierliste seiner Noten nur so runter. Der Rest geht im schallenden Gelächter unter. Die Klasse tobt vor Vergnügen, als sie das verdutzte Gesicht ihres neuen Professors sieht. Der hat immerhin so viel Größe, sein Gesicht schließlich auch zu einem Schmunzeln zu verziehen.

Hilfe, ich sterbe

Wer an seinem Nächsten vorüber geht,
der geht auch an Gott vorüber.
Martin Luther

Das Wetter ist in diesem Sommer besonders lange heiß und trocken. Der Vorschlag des Rektors, einen Ausflug nach Harburg an der Romantischen Straße zu machen, stößt überall auf Begeisterung. Aber dann ist der Weg doch staubig und dehnt sich in der Hitze schier endlos dahin. Dass man jetzt, Anfang September, noch so schwitzen kann! Bald versickern die Gespräche, verdrossen trotten die jungen Männer vor sich hin. Die Wanderlieder sind längst verstummt. Die müden Geister werden erst wieder munter, als ein Flüsschen, die Wörnitz, in Sicht kommt. Hier, in einem kleinen Wald, ist sie so tief, dass man in ihr nicht nur ein bisschen zur Erfrischung rumplanschen, sondern richtig schwimmen kann. Also auf zum erfrischenden Bad! Hubert hält sich etwas abseits. Bedächtig zieht er sich aus, legt die Kleider ordentlich zusammen, denn Ordnung bedeutet ihm viel.

Alois, sein Mitschüler, spottet sogar über ihn, seine Bleistifte seien so fein gespitzt wie die Lanzen aus dem letzten Krieg! Mutter Unzeitig hat ihre Kinder sehr zur Ordnung angehalten. Bei der vielen Arbeit wäre es anders auch nicht zu schaffen gewesen. Ob die letzten Fuhren Korn gut eingefahren worden sind? Hubert blickt sinnend auf das grüne, rasch dahin fließende Wasser, das ihn so sehr an die heimische Zwittau erinnert. Damals, bevor sie von Bürgermeister Schneider kanalisiert wurde… Schwimmen kann er gut, er hat es schon als kleiner Junge gelernt. Der Ortsvorsteher hatte nämlich auch dafür gesorgt, dass es in Greifendorf ein Schwimmbad gab, etwas ganz Besonderes, das viele größere Orte nicht hatten.

Nur jetzt nicht an daheim denken. Entschlossen wirft sich Hubert in den Fluss. Schrecklich, wie kalt das Wasser ist! Denn heute hat er es mit der alten Regel, sich möglichst langsam abzukühlen, nicht so genau genommen. Plötzlich spürt er einen stechenden Schmerz in der ganzen linken Körperhälfte, der sich vom Herz über den Arm bis in das Bein erstreckt. »Gottesmutter, Hilfe, ich sterbe!« Die Wellen schlagen über ihn zusammen.

Gebhard Lehle schwimmt in einiger Entfernung. Da hört er plötzlich jemanden um Hilfe rufen. Er dreht sich um. Hubert ist etwa 20 Meter hinter ihm und macht so eigenartige Bewegungen. »Fast, als wenn er am Ertrinken wäre«, geht es dem Jungen durch den Kopf. Dann kommt die Panik über ihn. Er sieht das Gesicht seines Bruders vor sich, der ihm eingetrichtert hat: »Vorsicht bei einem Ertrinkenden. Der klammert sich nur an Dich und zieht Dich dann mit in die Tiefe! In den Kursen für Rettungsschwimmer lernt man Befreiungsgriffe.« Den Jungen hat die Angst total verunsichert: »Was soll ich nur tun, lieber Gott, bitte!«

Langsam schwimmt Gebhard zu Hubert zurück, der immer noch komische, unkoordinierte Bewegungen macht. Sein Gesicht ist bleich und verzerrt. »Mensch, hilf mir doch«, stöhnt er. »Komm her zu mir, ich schleppe Dich einfach ab«, schlägt Gebhard vor. Sein Herz klopft wie rasend: Er hat gemerkt, dass er hier handeln und helfen muss. Wie er mit Hubert das Ufer erreicht hat, weiß er später nicht mehr. Die Baumwurzel, an der er sich hochgezogen hat, das Gras, in das er sich vollkommen erschöpft schmiss – abends, vor dem Einschlafen, sieht er die Einzelheiten wieder vor sich. Vor allem aber das bleiche Gesicht des Kameraden, der ihm für etwas dankt, das er gar nicht so richtig begriffen hat. War Hubert wirklich am Ertrinken? Hatte er ihn gerettet? Erschöpft fallen ihm irgendwann die Augen zu. Hubert selbst kniet an diesem Abend noch lange in der Kapelle.

Bereit zur Pilgerfahrt

Der Weg ist das Ziel
ZEN WEISHEIT

Papst Pius XI. hat das Jahr 1933, das 1900-ste Todesjahr nach der Kreuzigung Christi, feierlich zum Heiligen Jahr ausgerufen. Seit elf Jahren herrscht Mussolini nun schon in Italien. Durch seinen Marsch auf Rom hat er seine Ernennung zum Ministerpräsidenten durchgesetzt und träumt jetzt von einer Erneuerung des Imperium Romanum. Mit starker Hand hat seine faschistische Partei den sozialen Frieden erzwungen. Die Arbeitslosen sind von den Straßen verschwunden. Er kann es sich sogar leisten, vorerst die Monarchie bestehen und König Vittorio Emanuele gewähren zu lassen. Ebenso taktisch klug hat er durch das Lateran-Konkordat von 1929 ein gutes Einvernehmen zwischen dem Vatikan und dem Staat hergestellt. Die Schwarzhemden marschieren zwar, aber in Italien ist es noch ruhig. Die Einladung des Papstes an die Katholiken in aller Welt, zum Heiligen Jahr in die Ewige Stadt zu kommen, findet großes Echo.

Das ist genau das, was sich Hubert schon immer gewünscht hat! Einmal nach Italien, nach Rom zu pilgern! In einem langen Brief hat er in der Osterzeit seiner Mutter ausführlich auseinandergesetzt, dass er in diesem Jahr in den Sommerferien nicht nach Hause kommen, sondern lieber nach Rom pilgern möchte. Frau Unzeitig ist zwar traurig, dass sie in diesem Jahr ganz auf ihren Sohn verzichten muss, teilt ihm jedoch ihr Einverständnis mit und legt noch einen größeren Geldschein dazu. Hubert hatte ihr und den Schwestern geschrieben, wie ein echter Pilger wolle er den Weg in die Ewige Stadt möglichst zu Fuß, teils aber auch per Anhalter und per Bahn zurücklegen. – Pater Rektor hatte ein wenig skeptisch reagiert, als ihm Hubert seinen Wunsch vortrug. Aber aus der Überlegung heraus, dass es dem stillen jungen Mann nur gut tun könne, auf einer solchen Reise Erfahrungen zu sammeln, gab er aber dann gerne seine Erlaubnis, zumal da er sich vorher noch einmal die bereits erwähnten Schulbuchvermerke von Huberts Klassenlehrer angeschaut hatte.

Hubert selbst fiebert seinem Abenteuer entgegen. Dies ist bereits seine zweite Pilgerreise. Er hatte vor drei Jahren eine Fahrt nach Trier gemacht. Damals strampelte er mit seinem treuen Drahtesel, den er von daheim mitgenommen hat, den Neckar, dann den Rhein und die Mosel entlang, um im Jubeljahr 1930 die berühmte Reliquie des Heiligen Rocks zu verehren. Kaiserin Helena, die Mutter Kaiser Konstantins, hatte das Gewand Jesu von einer ihrer Pilgerreisen aus dem Heiligen Land mitgebracht. Nach alter Tradition wird es in der ehedem römischen Kaiserstadt aufbewahrt und alle 30 Jahre den Gläubigen zur Verehrung gezeigt. Damals hatte es keine Zwischenfälle gegeben.

Frohgemut macht sich Hubert nun auf den Marsch in den Süden. Er kommt gut durch München. Seine Schuhe sind eingelaufen, sein Rucksack ist nicht schwer. Der Wanderweg führt ihn am Starnberger See entlang, In Pöcking macht er einen kurzen Abstecher nach Possenhofen. Dort hat Kaiserin Elisabeth von Österreich oder Sissi, wie sie von ihrem Volk liebevoll genannt wird, als Kind gelebt. Dann kommt er zum Kloster der Missionsbenediktinerinnen in Tutzing. Hier wird er von der Schwester Pförtnerin nicht nur großzügig bewirtet, sondern erhält auch die Möglichkeit, im nahe gelegenen See zu baden. Es ist etwas föhnig, sodass er, als er ein paar hundert Meter in den See hinausgeschwommen ist, sogar die Zugspitze sehen kann.

Auf einen Abstecher nach Kloster Ettal verzichtet er, nachdem er in Weilheim einen Wagen gefunden hat, der ihn bis nach Garmisch mitnimmt. »Keine Schwierigkeiten an der Grenze zwischen Mittenwald und Reutte«, trägt er in sein Notizbuch ein. Vor dem Zirler Berg hat er wieder Glück. Dieses Mal ist es ein Holzfahrzeug, das ihn bis hinunter nach Innsbruck führt. Die Hofkirche, das Goldene Dachl, die beiden herrlichen Barockkirchen draußen in Wilten begeistern ihn. Aber er muss weiter nach Rom! Dafür hat der Bauer, bei dem er abends in Igls im Heu schlafen kann, viel Verständnis. Die Brotzeit, die ihm die Bäuerin mit auf den Marsch über den Brenner gibt, fällt dann auch so großzügig aus, dass er das letzte Stück Speck zusammen mit dem harten Kräuterbrot erst in Bozen verzehrt, nachdem er sich vorher noch die alte Bischofsstadt Brixen angesehen hat. Über Trient geht es weiter mit der Eisenbahn nach Milano. Und dann die Ewige Stadt, das Ziel seiner Träume.

In der Ewigen Stadt

In diesem Sommer beherbergt Rom Tausende von Pilgern. Wo man auch hinhört, vernimmt man fremde Stimmen: Neben dem weichen sonoren Singen des Italienischen, das gutturale R des Spanischen, hin und wieder auch deutsche Worte. Hubert, dem es Freude macht, seine selbst erworbenen italienischen Sprachkenntnisse anzubringen, ist von der Ewigen Stadt einfach begeistert. Er läuft über raue Pflaster, auf denen Kinder sorglos und unbekümmert spielen und genießt den kühlen Schatten der hohen rotbraunen Palazzi, die von der Gelassenheit und dem Machtbewusstsein der Renaissancefürsten künden. Er hält inne an kleinen Plätzen, die einsam in der grellen Mittagssonne liegen, an denen die römischen Katzen nun ungestört Siesta halten. Am Forum Romanum wird für ihn der Geschichtsunterricht lebendig.

An der Engelsburg vorbei, dem wuchtigen Rundbau, auf dem die Engel als die Boten Gottes segnend sitzen, nähert er sich dem Mittelpunkt der katholischen Christenheit. Durch eine Nebenstraße gelangt er auf die Via della Conciliazione. Der breite Boulevard wurde von Mussolini so genannt und führt nun direkt auf den Petersplatz und zum Petersdom und damit zum Mittelpunkt des winzigen neuen Vatikanstaats, der nach dem Lateranvertrag 1929 noch vom Kirchenstaat übrig geblieben ist. Die Kuppel des größten Gotteshauses der Welt glänzt fast golden im Sonnenlicht: An diesem Sonntagmorgen wird der Papst sich den Pilgern zeigen und mit ihnen beten. Und Hubert wird dabei sein, einer unter zig Tausenden, die vom Heiligen Vater von einem geöffneten Fenster des Vatikanpalastes den Segen empfangen werden.

Hubert weiß, dass Papst Pius XI. gut deutsch spricht und sich nicht nur als Bergsteiger Achill Ratti einen Namen gemacht hat: Seine »Alpinen Schriften« sind 1925 auch in deutscher Übersetzung erschienen. Pius XI. genießt in der ganzen Welt hohes Ansehen. Sogar die »Times« hat über ihn geschrieben: »Seine Lebensart ist einfach, sein Benehmen taktvoll, sein Anblick ernst, aber Vertrauen einflößend.« Die Wahrung des Friedens ist diesem Nachfolger Christi ein großes Anliegen, für die Bewahrung des Friedens wird er später Gott sein Leben anbieten.

Den jungen Mann, den zukünftigen Missionar, berührt jedoch besonders, wie sehr Pius XI. die Mission am Herzen liegt. In einer eigenen Enzyklika »Rerum ecclesiae« vom Februar 1926 – Hubert hat sie natürlich gelesen – fordert der Papst die Bischöfe auf, an der Ausbreitung des Reiches Gottes mitzuarbeiten, einheimische religiöse Gemeinschaften zu gründen und den einheimischen Klerus zu fördern.

Als es dann endlich soweit ist und der Papst erscheinen soll, ist Hubert – die riesige Menschenwoge hat ihn einfach weiter immer mehr nach vorne gespült –, nichts als ein Teil dieser Masse, deren jubelnde Hochrufe: »Eviva! Viva il Papa!« über ihn hinweg brausen. Er ist nur noch Begeisterung, eine von unzähligen Stimmen, die wie riesige Wellen auf und abfluten, das weite Rund des Petersplatzes überströmen und die einsame Gestalt des Papstes umspülen. Aber da ist noch etwas anderes in dem jungen Mann: Er spürt plötzlich ganz stark das besondere Charisma dieses Papstes, der für ihn die Güte eines Vaters ausstrahlt. Seinen eigenen Vater hat er ja nie bewusst kennen gelernt... Wieder zurück in Reimlingen erzählt Hubert wenig von seinem Rombesuch. Wie kann man real gewordene Träume schon beschreiben?

Zur Musterung nach München

Auf einmal wird Hubert wieder an das unangenehme Erlebnis mit den tschechischen Soldaten erinnert. Eines Mittags übergibt ihm der Internatsleiter einen Brief. Absender ist das tschechische Konsulat in München. Beklommen greift Hubert nach dem graugrünen Umschlag mit der Hindenburgmarke. Er kann sich schon denken, um was es geht! Und richtig: Es ist die Aufforderung, sich in vierzehn Tagen in München zur Musterung zu stellen.

Im Gegensatz zu seinen Freunden, die ja als zukünftige Priester vom Soldatendienst freigestellt sind – dies änderte sich 1933 –, ist er tschechischer Staatsbürger und soll im Falle des Falles in den Krieg ziehen, soll Menschen töten. Auch an diesem Abend findet der Internatsleiter, als er noch einmal spät in die Kapelle geht, Hubert Unzeitig ganz versunken vor dem Bild der Gottesmutter.

Hubert hat Angst, als er nach München fährt. Er muss sowohl in Donauwörth als auch in Augsburg umsteigen. Ihm ist es wieder einmal schlecht, als er in der bayrischen Hauptstadt ankommt. Die Reisekrankheit hat ihn gepackt und hat ihn fest im Griff. Doch dann geht alles viel besser, als er es sich vorzustellen gewagt hat. Der junge Arzt, der ihn mustert, ist menschlich, macht ihm sogar ein Kompliment über sein ausgezeichnetes Tschechisch. Nein, er ist nie richtig krank gewesen. Dass er jetzt so schlecht aussieht, hat nur mit seiner »Reisekrankheit« zu tun. Der Arzt murmelt etwas vor sich hin, was Hubert nur halb versteht und was auf Deutsch so etwas wie »Plattfüße« heißen könnte. Und dann, mit einem leisen Lächeln in das gespannte junge Gesicht mit den ernsten blauen Augen, die ihn nun fragend anschauen: »Leider für den Wehrdienst untauglich!«

Glücklich läuft Hubert die Treppen hinunter. Die große zweiflügelige Tür, die das tschechische Konsulat vom Straßenlärm abschirmen soll, fliegt erschreckend laut zu. Lieber Gott, danke! Um sich auch bei der Gottesmutter zu bedanken, möchte Hubert in die Liebfrauenkirche. Eine alte Bayerin – offensichtlich eine von diesen Urmünchnerinnen, für die alle Fremden Preußen sind, auch wenn die aus Österreich kommen – hat ihm umständlich den Weg dorthin erklärt. An der Siegessäule hält der junge Mann inne. Gütig lächelnd schaut die Patrona Bavariae auf das bunte Markttreiben hinunter. Ein halb verwelkter Strauß blauer Kornblumen und weißer Margeriten – ob die Blumen wohl die bayerischen Farben symbolisieren sollen? – liegt zu ihren Füßen. Drinnen im Gotteshaus ist es kühl und angenehm dunkel. Fast eine halbe Stunde kniet Hubert vor dem Bild der Gottesmutter. Als er vor die Tür tritt, muss er erst einmal kräftig blinzeln. In letzter Zeit hat er festgestellt, dass seine Augen häufig tränen und auf plötzlichen Lichteinfall sehr empfindlich reagieren. Ob er wohl eine Brille braucht? Dann meldet sich der Hunger. Der sonst so bescheidenene Hubert entscheidet, ganz gegen seine Gewohnheit: Also, wenn man schon einmal in München ist, dann nichts wie auf ins Hofbräuhaus, eine Weißwurscht und eine Maß Bier – oder wenigstens eine halbe Maß und eine Brezel! Frohgemut, fast übermütig, macht sich Hubert auf den Weg.

Ein Bier und seine Folgen

Der Seminarist hat Glück. Zu sich an seinen Tisch setzt sich ein gemütlicher Bayer. Er sei Viehhändler aus Schleißheim und komme öfters in die Stadt. Halt so oft, wie es seine Geschäfte ihm erlauben. Geschickt versteht er es, den scheuen jungen Mann auszufragen. So, auf Pfarrer wolle er studieren. Da ist es für ihn selbstverständlich, nicht nur die Zeche zu übernehmen, sondern auch sofort noch ein paar Weißwürste und das dazugehörige Bier zu bestellen. (Nach einem verstohlenen Blick auf seine Barschaft hatte sich Hubert vorher nur für eine Semmel entschieden). Huberts schüchternen Protest gegen die Einladung winkt er großzügig ab. »Jo mei, in diesen großen Zeiten muass ma zusammenhalten«, murmelt er. Und dann: »I koan di scho a Stückl mitnehme, muass na Donauwörth abi.« Und Hubert, ein bisschen müde von dem ungewohnten Bier, etwas leichtsinnig über den bisher so erfolgreich verlaufenden Tag und etwas ängstlich im Gedanken an die sicherlich wieder auftretende Reisekrankheit, sagt gerne zu.

Es ist schon später Nachmittag, als der Viehhändler Hubert voller Stolz seinen neuen Wagen zeigt, etwas ganz Exklusives, wie er erklärt, eine Steyr Puch Limousine. »Die läuft wie ein geölter Blitz mit ihrem Sechszylinder. I hab die schon bis auf 100 nauf kriegt«, verkündet er mit glänzenden Augen, als er sich am Zündschloss zu schaffen macht. Als der Motor endlich anspringt, macht das Auto plötzlich einen solch gewaltigen Satz nach vorn, dass Hubert in die roten Ledersitze zurückfällt. Die Kurve um die nächste Straßenecke fällt so eng aus, dass die Räder quietschen. »Ich glaube ja, dass der Wagen hundert Sachen macht, Sie müssen es mir doch nicht zeigen«, murmelt Hubert kläglich aus seiner Ecke. Nun überholt der flotte Fahrer mit viel Mühe ein Pferdefuhrwerk: Es geht gerade noch einmal gut. Den echt urbayerischen Fluch, der mit »Himmelherrgottsakra« anfängt, hat der nun sehr furchtsame Mitfahrer zum Glück nicht verstanden.

An der Erfahrung knapp vorbei

Jetzt bekommt es Hubert mit der Angst zu tun. Ihm wird wieder schlecht. Sein neuer »Freund« lacht ihm voll ins Gesicht und fährt unbekümmert drauf los. Dass diese enge Seitengasse, in die der Viehhändler endlich einbiegt, keine Ausfallstraße in Richtung Norden ist, nach Dachau und Donauwörth, merkt Hubert sofort. Als der Wagen vor einem unscheinbaren Haus zum Stehen kommt, fängt er an zu würgen. Noch einmal schaut ihn der Fahrer grinsend an, murmelt etwas von »Erfahrungen müssen auch so junge Kerle sammeln«, bedeutet ihm, einen Augenblick zu warten und verschwindet nach dreimaligem Klopfen in einem dunklen Flur.

»Nichts wie weg«, geht es Hubert durch den Kopf. Und: »Ich weiß ja überhaupt nicht, wo ich bin!« Im Zwielicht versucht er, der es gewohnt war, sich zu Hause nach dem Stand der Sonne zu orientieren – die Greifendorfer Kirche hatte keine Uhr – den Namen auf der gegenüberliegenden Seite der Gasse zu entziffern. In ihm ist nichts als Angst.

Da geht schon die Haustür wieder auf. Der Viehhändler erscheint in Begleitung einer Frau. Dass so grell bemalt, gekleidet mit einem kurzen engen Rock, schwarzen Florstrümpfen, einer roten glänzenden Bluse mit ganz tiefem Ausschnitt, keine Dame aussieht, weiß selbst ein Klosterschüler! Sich in den Hüften wiegend, kommt sie langsam auf ihn zu. « Servus, mein Kleiner.« Die Stimme klingt freundlich, aber gleichzeitig seltsam ordinär. »Ich hab es mir überlegt, ich muss ganz schnell weg«, stottert Hubert, jetzt sehr rot geworden. Er packt seine Tasche, die er noch vor einer Stunde so unbekümmert auf die hinteren Autositze geworfen hat, und rennt los. Was die Leute auf der Straße von ihm denken, ist ihm in diesem Moment egal. Als er spät abends in Reimlingen eintrifft, sagt er seinen Zimmergenossen nur, er habe erst mit dem letzten Zug heimkehren können. Er wirkt sehr nervös, ja sogar etwas aufgeregt. Was in München wirklich vorgefallen ist, vertraut er erst viel später seinem Spiritual an.

Filzen an der Grenze

Nachdem Hubert aus Rom zurückgekommen ist, wirkt er noch reifer, älter, vernünftiger. Mit den Freunden diskutiert er oft und gern, nur nicht so gern über Politik. Die spielt jetzt im letzten Studienjahr sowieso keine große Rolle. Zwar haben sich die Zeiten geändert, nachdem Adolf Hitler durch sein Ermächtigungsgesetz an die Regierung gekommen ist, aber jetzt heißt es für die jungen Männer, sich ernsthaft auf das Abitur vorzubereiten Da möchte jeder so gut wie möglich abschneiden. Hubert studiert eifrig wie immer, findet aber auch noch Zeit, um viel zu lesen. Er ist und bleibt ein Bücherwurm. Seiner Vorliebe für alles, was mit Russland zu tun hat, ist er treu geblieben. Er kennt die Geschichte des russischen Volkes genau, kann auf Anhieb alle Daten der russischen Revolution nennen und einen Vortrag über den bolschewistischen Kommunismus halten.

Endlich kommen die großen Tage des Abiturs. Am Ende haben alle Schüler die Reifeprüfung bestanden. Zum Dank pilgern die beiden Abschlussklassen auf den Schönenberg in Ellwangen. Die herrliche Kirche des bekannten schwäbischen Wallfahrtsortes, erbaut von den Vorarlbergern Michael und Christian Thun – das hat er vorher im Lexikon nachgeschlagen – begeistert den nun glücklichen Abiturienten. Ganz still sitzt er in der Bank vor dem Barockaltar und lässt sich von den mächtigen Klängen der Orgel – der Musiker scheint gerade für ein Konzert zu proben – gefangen nehmen. Später danken die jungen Männer vor der Loretto-Grotte, die aus dem Jahr 1638 stammt und in die Choranlage integriert ist, mit eigenen Worten für die hinter ihnen liegenden Jahre. Gleichzeitig erbitten sie Gottes und der Gottesmutter Schutz für die vor ihnen liegende Zeit: Ihr Noviziat, das Theologiestudium, und dann – als Abschluss und Höhepunkt – die Ewige Profess, das heißt die endgültige Aufnahme in die Gemeinschaft der Mariannhiller, sowie die Priesterweihe.

Hubert fühlt sich froh und frei. Dieses Gefühl, es geschafft zu haben und der Mutter und den Schwestern, die ihm diesen Schritt erst ermöglicht hatten, würdig zu sein, begleitet ihn auch während der Heimreise. Ob wohl auch sein Vater stolz auf ihn wäre?

Karl Bieberle und Hubert Unzeitig haben vorher lange beraten, ob es besser sei, das große Gepäck, Bettzeug, die vielen Bücher, die sich in den sechs Jahren angesammelt haben sowie Huberts immer noch rüstiges und gepflegtes Fahrrad per Frachtgut zu schicken, oder alles Gepäck lieber selbst mitzunehmen. Karl, der Optimist, hatte sich in seiner Auffassung, es werde bei der Grenzkontrolle schon gut gehen, durchgesetzt. Der tschechische Grenzpolizist, der vor Eger das Abteil zur Kontrolle betritt, wirft einen misstrauischen Blick auf die Bündel, in die das Bettzeug eingenäht ist. Und dann die beiden Riesenkisten mit den Büchern, von den Koffern und Taschen einmal ganz abgesehen! »Los, alles aufmachen« befiehlt er barsch. Das ist aber gar nicht so einfach. Die Schwestern in Reimlingen hatten den zukünftigen Studenten fürsorglich geholfen, das Bettzeug sachgerecht zu verpacken. Entsprechend klein waren die Stiche ausgefallen, mit denen die Bündel zusammengenäht waren.

»Wird`s bald?« Der tschechische Polizist wird immer ungeduldiger. Hubert redet beruhigend auf ihn ein. Er bemüht sich, ihm freundlich zu erklären, dass in den Bündeln nur Kissen und Decken sind und, falls er sie jetzt aufmachen müsse, sie nicht mehr zusammenschnüren könne.

Das hat noch gefehlt: An Widerspruch ist dieser Grenzer nicht gewöhnt. »Los, alles mitnehmen und rauskommen.« Jetzt brüllt er fast. In der Baracke, die für diese Zwecke eingerichtet ist, geht das Verhör weiter. So, in Reimlingen waren sie, Abitur gemacht, sich im Ausland rumgetrieben? Jede schmutzige Socke muss einzeln auseinander genommen, jedes Taschentuch ausgeschüttelt werden. Dann kommen die Bücherkisten an die Reihe. Der Mann geht weg, kommt mit zwei anderen Beamten zurück, die eine Handvoll Bücher wahllos herausnehmen und damit hinter einer Tür verschwinden.

Hubert und Karl sind allein. Sie schauen sich an. Beide sind recht blass. »Ich Depp«, gesteht sich Karl ein, »hätten wir doch das Zeug als Frachtgut geschickt.« Dann schaut er wieder auf Hubert. Ob der wohl jetzt dasselbe denkt? Nein, es kommt kein Vorwurf. Das passt einfach nicht zu seinem Kameraden. »Aber so viel Angst wie ich hat er auch«, stellt Karl fest, als er sieht, wie Huberts rechte Hand fast unmerklich zittert.

Krach um die Studentenkappe

Die Zeit vergeht. Ihr Zug ist längst weg. Niemand kümmert sich um die beiden Schönhengstgauer, die sich nur halblaut zu unterhalten wagen. »Und was ist, wenn sie uns einsperren?« flüstert Karl. »Komm, lass uns lieber ein bisschen beten anstatt uns Sorgen zu machen. Wir können daran doch nichts mehr ändern«, flüstert Hubert ihm zu. Natürlich, er hat ja Recht! St. Josef ist Patron der Reisenden...

Irgendwann geht die Tür wieder auf, die Bücher werden mit einem bissigen Kommentar auf die Bank geknallt. »Macht, dass ihr weiterkommt«, knurrt der tschechische Zöllner verbiestert. Es ist gar nicht einfach, alle Habseligkeiten so schnell wie möglich zu verstauen. Schwierigkeiten bereitet vor allem das Bettzeug, um das Karl notdürftig eine Kordel gebunden hat. Und schnell muss es gehen, denn wenn sie den nächsten Zug nach Marienbad und Pilsen nicht bekommen, können sie ihren Plan, sich noch einmal Prag anzusehen, endgültig begraben. Aber dann geht es doch noch. Die Weiterfahrt verläuft reibungslos.

In Prag wird das Gepäck in die Aufbewahrung gegeben. Hubert findet schnell die Straßenbahn, die in Richtung Hradschin fährt. Jetzt ist er wieder sicher, ist der Anführer. Sein Tschechisch ist fast akzentfrei; Karl tut sich da viel schwerer.

Das letzte Stück zum Burgberg gehen die beiden Studenten zu Fuß. Als sie am Haupttor ankommen, ruft ihnen ein älterer Mann etwas zu. Karl versteht nicht und schaut Hubert fragend an, der aber nicht reagiert. Dann kommt der Mann, dem ein Stock Halt zu geben scheint, aufgeregt auf die beiden zugelaufen. Er geht jetzt bemerkenswert schnell, stützt sich nun auch nicht mehr auf seinen Stock, sondern schwingt ihn drohend in die Luft. Jetzt begreift auch Karl, worum es geht. Sie sollen ihre Studentenkappen abnehmen, verlangt der Tscheche.

Hubert protestiert, fragt, was ihn das angehe? Im Nu hat sich eine Menschenmenge um die Beiden gebildet. Neugierige, fragende, aber auch lauernde Blicke, die sich zu freuen scheinen, wenn es hier zu einer handgreiflichen Auseinandersetzung kommt. »Wisst ihr nicht, dass es verboten ist, eine solche Mütze zu tragen? Los, ab damit, sonst schlag ich sie euch vom Kopf!« Der Mann schreit immer lauter, erregt sich immer mehr...

Hubert reagiert ruhig, beherrscht. Er schreit nicht zurück, wie es der eher temperamentvolle Karl gerne getan hätte, sondern entgegnet ganz sachlich: »Es tut uns leid, wir kommen gerade aus dem Ausland zurück und haben das nicht gewusst. Entschuldigen Sie bitte!« »Wieso entschuldigen?« denkt Karl empört, »der Alte soll sich entschuldigen.« Ruhig nimmt Hubert seine Kappe ab. Karl bleibt nichts anderes übrig, als es ihm gleichzutun. Also reißt er sich ebenfalls die Kopfbedeckung runter, seine Augen aber sprühen Funken. »Wir werden sie natürlich nicht mehr tragen, da wir ja gegen kein Gebot des tschechischen Staates verstoßen wollen«, bemerkt Hubert noch obendrein. Total überflüssig, protestiert Karl innerlich. Aber diese beruhigenden Worte, bei denen Hubert sogar lächelt und mit seinen klugen blauen Augen dem immer noch erregten Mann voll ins Gesicht schaut, zeigen Wirkung. Die Menschen zerstreuen sich. Leider keine Prügelei! Schade, finden die Leute.

Warm und herzlich ist der Empfang zu Hause. Die Mädchen sind groß geworden. Auch Elise und Regina sind inzwischen erwachsene junge Damen, die gut mit der Arbeit fertig werden. Die Mutter – sie ist jetzt 58 Jahre alt – hat graue Haare bekommen. »Und du willst tatsächlich nur kurz bei uns bleiben?«, fragt sie ihren Sohn, wobei sie tapfer versucht, ihre Stimme nicht vorwurfsvoll klingen zu lassen. Hubert nickt stumm, denn natürlich möchte er so schnell wie möglich in die Kongregation aufgenommen werden. In seiner Bitte um Zulassung zum Noviziat und damit auch zur Aufnahme in die Gemeinschaft der Mariannhiller hatte er geschrieben. »Immer mehr gelangt mir zum Bewusstsein, dass ich eines so hohen Berufes unwürdig bin, dennoch hoffe ich mit Gottes Hilfe, die Berufspflichten erfüllen zu können.«

Die paar Tage über Ostern vergehen dann auch für die ganze Familie wie im Fluge. Der Abschied ist auch diesmal wieder für die Mutter, die ihr Kind nun endgültig ziehen lässt, schwerer als für den Sohn, der sich ganz einfach nur freut, erst einmal auf das Noviziat in Holland. Dass Maria Cäcilia Unzeitig wieder bei der Schmerzensmutter Trost findet, nachdem ihr einziger Sohn fröhlich winkend in den Zug von Zwittau nach Prag gestiegen ist, weiß Hubert natürlich nicht.

Auch für Karl ist der Abschied von zu Hause nicht leicht gewesen. Aber auch sein Kummer wird bald von den vielen neuen Eindrücken verdrängt. Die Reise geht auch dieses Mal wieder von Prag nach Nürnberg – die alte bereits wohl vertraute Strecke, dann aber nach Würzburg, wo die beiden zukünftigen Novizen einen Abstecher auf den Mönchsberg machen, der deutschen Zentrale der Mariannhiller. Weiter geht es über Frankfurt nach Köln und bei Venlo schließlich über die niederländische Grenze.

Noviziat in Holland

Der Nachwuchs der Missionsgesellschaft wurde damals noch im niederländischen St. Paul bei Arcen ausgebildet. Ähnlich wie die Missionare vom Göttlichen Wort, die nach ihrer holländischen Niederlassung in Steyl später als »Steyler Missionare« bekannt wurden, waren die Mariannhiller als Folge des Kulturkampfes gezwungen, ins Ausland zu gehen. Bismarck hatte nämlich jegliche Ordens-Neugründung auf deutschem Boden verboten. Die Mariannhiller hatten den bayrischen König darum gebeten, sich auf seinem Territorium niederlassen zu dürfen. Als Gegenleistung wollten sie Missionare für die afrikanischen Kolonien zur Verfügung stellen. Dieser Deal war aber bereits vor dem Ersten Weltkrieg gescheitert.

Bei der Einkleidung am 30. April 1934 in Holland erhält Unzeitig den Namen »Engelmar.« »Ein komischer Name« denkt Hubert. Dann findet er in der Bibliothek die »Heiligen-Legende« von Lorenz Beer und erfährt, dass der selige Engelmar – der Name bedeutet »berühmter Speerkämpfer« –, ein frommer Einsiedler in der Nähe von Passau war, der aus Neid auf seinen tugendsamen Lebenswandel um 1100 von einem Gefährten umgebracht wurde. Nach seinem Tode erwies er sich als großer Wundertäter.

Dem jungen Ordensnachwuchs fällt es nicht schwer, sich in die neue Gemeinschaft einzuleben. Später wird einmal Karl Bieberle über diese Zeit erzählen: »Unser Novizenmeister war Pater Hermann Arndt, der ehemaliger Generalsuperior der Mariannhiller. Ein sehr guter und vertrauensvoller Priester. Nach den Exerzitien wurden wir eingekleidet und erhielten einen neuen Namen. Wir ließen uns Bärte wachsen – wie es damals für Missionare üblich war.« Mit dieser »Manneszierde« hat »Frater Engelmar« wenig Glück. Ein Blick in den kleinen Spiegel bestätigt es ihm: Seine rötlichblonden Härchen sprießen nur spärlich. Wie schade! Es muss also auch ohne großen Vollbart gehen.

Auch in den Niederlanden wird der Ordensnachwuchs nicht von der politischen Großwetterlage verschont. Schon bald stellt sich heraus, dass Engelmars Kurs der letzte sein wird, der sein Probejahr in Holland machen darf. Neben den üblichen religiösen Unterweisungen müssen die jungen Männer viel draußen arbeiten, denn zum Missionshaus gehören auch Felder, Wälder und Wiesen. Die körperliche Tätigkeit macht Frater Engelmar viel Freude. Er denkt dabei an daheim, an den Schönhengstgau, an

Greifendorf, an Orte, an denen er hängt und an die er sich immer wieder gerne erinnert. Von der großen weiten Welt bekommen die jungen Männer nur wenig mit. Dass Hitler in einigen Jahren Tschechien für das Großdeutsche Reich beanspruchen wird, ahnt von ihnen niemand.

Wie das Unheil zustande kam

1932 gibt es in Deutschland sechs Millionen Arbeitslose. Das Abflauen der Weltwirtschaftkrise, das Ende der Reparationen und die Anerkennung der deutschen Rüstungsgleichberechtigung von 1932 haben es Hitler erleichtert, mit den dringendsten wirtschaftlichen Problemen fertig zu werden. Seine ersten Erfolge und seine Fähigkeit, die Massen zu beeinflussen, lassen ihn für viele als » Retter« erscheinen.

Der ständige Ausbau von Polizeiapparat und Parteiorganisationen ermöglichten schließlich am 28. Februar 1933 – Hubert Unzeitig ist noch Schüler in Reimlingen und 22 Jahre alt –, eine Notverordnung, die mit dem Reichstagsbrand begründet wird und wesentliche Grundrechte aufhebt. Dann folgt am 24. März 1933 das Ermächtigungsgesetz, das die Reichsregierung dazu berechtigt, für die Dauer von vier Jahren Gesetze auch ohne den Reichstag zu erlassen. Damit wird die Verfassung praktisch außer Kraft gesetzt; der Reichstag braucht nicht mehr gefragt zu werden. Das neue Gesetz wird auch dazu benutzt, um Parteien am Wahlkampf zu hindern oder Oppositionsführer verhaften zu lassen. Die Mandate der Kommunistischen Partei werden kurzerhand für ungültig erklärt; die katholische Zentrumspartei durch falsche Versprechungen geködert.

Eine Änderung der Geschäftsordnung des Reichstags legt fest, dass »unentschuldigt Fehlende« als anwesend zu zählen sind. Ab sofort entscheidet der Reichstagspräsident, also Hitler-Intimus Hermann Göring, was unter »unentschuldigt« zu verstehen ist. Die SPD stimmt dem Gesetz zu; der Reichstag hat sich politisch selbst vernichtet.

Jetzt ist Hitlers NSDAP, die »Nationalsozialistische Deutsche Arbeiterpartei«, die einzig legale Partei in Deutschland. Sie ist in Gaue, Kreise, Ortsgruppen und Zellen gegliedert, wobei deren Führer meistens auch staatliche Funktionen übernommen haben. So sind die Kreisleiter zugleich auch Landräte. Nach dem »Röhmputsch« am 20. Juni 1934 wird die »SS«, der Staatssicherheitsdienst, zum wichtigsten Instrument der Macht Hitlers.

Noch sieht es so aus, als ob es Hitler daran gelegen sei, sich nicht mit den Kirchen, vor allem der katholischen, anzulegen. In diesem Sinne erklärt er 1933, dass seine Regierung in den beiden christlichen Konfessionen »wichtige Faktoren der Erhaltung unseres Volkstums« sehe. Er respektiere die von ihnen abgeschlossenen Verträge, ihre Rechte sollen nicht angetastet werden. Darüber hinaus werde die nationale Regierung in Schule und Erziehung den christlichen

Konfessionen »den ihnen zukommenden Einfluss einräumen und sicherstellen.« Die Sorge der Regierung gelte dem »aufrichtigen Zusammenleben zwischen Kirche und Staat.«

Auf diesem Hintergrund scheint es auch folgerichtig, dass 1933 ein Konkordat zwischen dem Vatikan und dem Deutschen Reich abgeschlossen wird. Aufgrund dieser Tatsache verhalten sich alle jene Priester und Laien, die davon überzeugt sind, letztendlich wolle Hitler die Kirchen vernichten, erst einmal abwartend. Kardinal Bertram, der Erzbischof von Breslau und Präsident der deutschen Bischofskonferenz, hat die neue Religion der NSDAP, nämlich Alfred Rosenbergs »Mythus des 20. Jahrhunderts«, zunächst scharf kritisiert. Dann schreibt er ebenso wie Kardinal Faulhaber einen lobhudelnden Brief an den Führer; beide Schreiben bleiben ohne Antwort. Eine Gemeinsame Verlautbarung der deutschen Bischöfe über die Haltung der katholischen Kirche gegenüber den Nationalsozialisten erscheint 1933; später eine weitere Denkschrift an den Führer und Reichskanzler, eine Funktion, die Hitler nach dem Tode Hindenburgs auch noch übernommen hat.

Inzwischen versteht es Hitler mit geradezu teuflischem Geschick, den Deutschen ihre Träume von Größe – vielleicht besser »Größenwahn« – zurückzugeben. Da ist die Rede von den besseren, den »lichten« Menschen, eben den Ariern, die von der »göttlichen Vorsehung« dazu auserkoren worden sind, über die minderen Rassen zu herrschen. Mit diesen « minderen« können nur die Juden gemeint sein, die sich in den letzten Jahrzehnten in Deutschland »breit gemacht« und die Kunst und Kultur angeblich ebenso mitbestimmt haben wie den Handel und die Wirtschaft. Folgerichtig heißt es dazu im Programm der NSDAP: »Wir fordern Land und Boden zur Ernährung unseres Volkes und Ansiedlung unseres Bevölkerungsüberschusses. Staatsbürger kann nur sein, wer Volksgenosse ist. Volksgenosse kann nur sein, wer deutschen Blutes ist. Ohne Rücksichtnahme auf die Konfession. Kein Jude kann daher Volksgenosse sein.« Von diesen Erklärungen bekommt Hubert Unzeitig nicht viel mit, er steckt seinen Kopf lieber in seine Bücher.

Wir glauben an Hitler, unseren Retter

Anders als seine Kameraden hat Hubert Unzeitig am eigenen Leibe erfahren müssen, wie es seiner Heimat unter den Tschechen ergangen ist. Es gab Hunger, es gab Ungerechtigkeiten, es gab Tote. Die Dörfler litten, nur weil sie Deutsche und stolz auf ihre Volkszugehörigkeit waren. Für Hubert ist das »deutsche Vaterland« etwas anderes als nur ein abstrakter Begriff, über den man sich bei einem Besinnungsaufsatz Gedanken machen muss. Die Liebe zur manchmal schmerzlich entbehrten Heimat ist für ihn konkrete Wirklichkeit. Irgendwo blüht noch heimlich die blaue Blume der Romantik, raunen stille Bächlein, wehen dunkle Tannenwipfel in seinem geliebten Mähren.

Die meisten Novizen, die sich in St. Paul auf den Eintritt in die Kongregation vorbereiten, sind da weitaus nüchterner und entsprechend kritischer. Sie, die niemals erleben mussten, was es heißt, in einer unterdrückten Minderheit zu leben, stehen dem Geschehen im Deutschen Reich um einiges realistischer und skeptischer gegenüber als der junge Mann aus Mähren. Eines Mittags kommt es zum Eklat. Die Suppe ist gerade gelöffelt, die geistliche Lesung beendet. Ein besonders kritischer Mitbruder sagt laut und vernehmlich. »Was Hitler treibt, ist doch Verdummung und Volksverhetzung! In Wirklichkeit ist er genau so gegen die Kirche wie gegen die Juden. Letztlich will er doch nur den Krieg. Alles andere ist bloße Augenwischerei.«

Im Speisesaal ist es plötzlich ganz still geworden. So kennt man diesen jungen Novizen gar nicht. Und jetzt Frater Engelmar, mit leiser, aber doch durchdringender Stimme: »Du weißt ja nicht, wovon du redest! Du kennst Adolf Hitler doch gar nicht! Hast du überhaupt eine Ahnung davon, wie sehr wir seit der gewaltsamen Einverleibung in die Tschechei aufgrund des Versailler Vertrags gelitten haben? Kannst du dir vorstellen, angespuckt zu werden, nur weil du in deinem Lande die Sprache deiner Mutter sprichst? Oder als Deutscher keine Stelle zu bekommen, dich ewig ducken zu müssen?« Engelmar spricht immer lauter, erregter. Seine Augen blitzen, die Haare, sonst ordentlich gescheitelt, sind ihm in die Stirn gefallen, »Für uns ist Adolf Hitler ein Retter! Wir hoffen, dass er uns vom tschechischen Joch befreit!« Die letzten Worte hat er fast in den Saal gerufen. Als er schließlich spürt, dass alle Blicke auf ihn gerichtet sind, hält er inne.

Die Mitbrüder blicken ihn erstaunt an. Der Novizenmeister zieht die Augenbrauen hoch. Sein Assistent, P. Augustin Bögle, ist ein wenig verwundert. Er kennt den jungen Frater sehr gut und wird später einmal über ihn urteilen: »Frater Engelmar war ein eifriger Novize. Etwas sehr verschlossen, etwas schwer zugänglich. Seinen Mitnovizen gegenüber freundlich und hilfsbereit. Angestoßen hat er zuweilen durch seine Sympathie zum Dritten Reich. Er sah in Hitler den Retter für sein Heimatland.« Entschuldigend meint P. Augustin aber, dies sei zu verstehen, hätten doch alle Sudentendeutsche auf die »Heimholung ins Reich« gewartet. Aus dieser Haltung heraus sei auch Engelmar Unzeitigs Einstellung begreiflich. »Negatives kann ich nicht über ihn sagen. Er war, wie gesagt, eifrig, fleißig, fromm und zielstrebig in der Berufsauffassung.«

Nach diesem verbalen Gefecht während des Mittagessens liegt Engelmar abends noch lange wach. Er bereut seine Heftigkeit, bereut, dass er seine Meinung so lautstark und – wie er jetzt im Nachhinein annimmt –, so unklug vertreten hat. Er wollte doch niemanden verletzten, niemandem wehtun. Aber seine Auffassung wird er doch vertreten dürfen? Konsequent will er sein, das, was er einmal als richtig erkannt hat, auch durchsetzen. Ihm fällt wieder die Religionsstunde in Reimlingen ein, als die Schüler vom Religionslehrer gefragt wurden, was im Leben denn das Wichtigste sei. »Konsequenz«, hatte Hubert ohne zu zögern geantwortet und damals an sich und seinen bisherigen Lebensweg gedacht: Gott hatte ihn dazu auserwählt, ganz in seinen Dienst zu treten, später einmal als Missionar die Afrikaner zu bekehren und ihnen ähnlich wie die große Gründergestalt Abt Franz zu dienen... Nun fragt er sich erneut: Bin ich diesen Weg bisher nicht konsequent gegangen? Er hatte ja seine Mutter, seine Schwestern verlassen, den Mädchen Männerarbeit aufgebürdet, sich mit aller Kraft in die Schulausbildung gestürzt! Unruhig wälzt sich Engelmar in seinem Bett hin und her. Darf man aber, wenn man auf dieses große Ziel hinstrebt, seinem Nächsten wehtun? Engelmar tut es sehr leid, vielleicht andere verletzt zu haben und bittet die Gottesmutter, ihm zu helfen, gelassener zu werden.

Ein taugliches Mitglied der Gemeinschaft

Am 1. Mai 1935 legt Frater Engelmar seine ersten Gelübde ab und darf im Ordensseminar in Würzburg mit dem Philosophie- und Theologiestudium beginnen. Mit Feuereifer beginnt er zu studieren. Neben dem vorgeschriebenen Pensum gehört seine besondere Liebe den Sprachen. Er studiert Französisch, Englisch, Italienisch, Tschechisch und Russisch. Seiner Angewohnheit, Dinge, die er für wichtig hält, aus dem Lexikon abzuschreiben, und die ihm bereits in Reimlingen den Spitznamen »Bücherwurm« eingetragen hat, bleibt er auch in Würzburg treu. Dazu sammelt er ergänzende Zeitungsausschnitte, die er unter dem entsprechenden Stichwort ablegt.

Seine Oberen sind mit dem stillen, eifrigen Studenten sehr zufrieden. Kein Wunder, dass seine Zeugnisse nur so von Einsern glänzen, manchmal gibt es sogar die Note »Eins mit Stern.« Pater Adolph Gregor Schmitt, (als Bischof von Bulawayo wurde er 1976 von einem afrikanischen Fanatiker erschossen), stellt Engelmar am 14. Januar 1938 folgendes Zeugnis aus: »Reinlichkeit: gut; Gesundheit: leidet sehr an Kopfweh, sonst gesund; Anstand: gut; Gemeinschaftssinn: etwas schüchtern, für sich; Pünktlichkeit: gut, gewissenhaft; Arbeitsamkeit: sehr fleißig und strebsam; Religiosität: gut, vielleicht etwas zu ängstlich; Beobachtung der hl. Gelübde: nimmt es sehr ernst; Urteil über die Tauglichkeit für unsere Gemeinschaft: verspricht ein recht brauchbares Mitglied unserer Kongregation zu werden.«

Vorerst besichtigt Frater Engelmar in seiner freien Zeit zusammen mit den Mitbrüdern Würzburg. Die Stadt erinnert ihn in ihrer lebensfrohen und leicht südlichen Art ein wenig an Rom. Dem Piusseminar gegenüber liegen auf der anderen Seite des Mains die mittelalterliche Feste Marienburg mit einer Rundkirche aus dem Jahr 707 sowie die beliebteste Wallfahrtskirche im Frankenland, dem von Balthasar Neumann erbauten »Käppele.« Wenn er etwas Zeit hat, geht Engelmar auch gerne zur Fürstbischöflichen Residenz mit dem Hofgarten und der Hofkirche. Am liebsten kniet er jedoch vor dem Bild der Gottesmutter in der Seminarkirche.

Auf ihr Piusseminar können die Patres und jungen Fratres stolz sein. Errichtet zwischen 1927 und 1929 vom Mitglied des Bauhauses, Albert Boßlet, dem Architekten des Stuttgarter Hauptbahnhofs, hat es damals in Fachkreisen großes Aufsehen erregt.

Allzu viel Abwechslung gibt es während der Studienzeit nicht. Zweimal kommen Bischöfe aus Afrika zu Besuch, Monsignore Hanisch von Umtata, ein gebürtiger Schlesier, sowie Bischof Arnoz von Bulawayo, wie Engelmar und Karl Bieberle, der jetzt Frater Ansbert heißt, ein Sudetendeutscher.

Eines Tages geschieht etwas Schreckliches. Der von allen geschätzte und verehrte Rektor, Pater Cyprian Ballweg, hatte ein Bad genommen und das heiße Wasser einfach weiter laufen lassen, weil es in dem ungeheizten Badezimmer jetzt, Ende Oktober, schon recht kalt ist. Ob er ohnmächtig geworden oder was eigentlich passiert ist, weiß niemand genau. Jedenfalls hat er sich schlimme Verbrühungen zugezogen. Am Abend des 26. Oktobers wird dem Ordensnachwuchs mitgeteilt, dass ihr Rektor an Herzversagen gestorben ist. Provisorischer Leiter des Seminars wird Pater Adolph Gregor Schmitt.

Im Urlaub zu Hause

Ein Glaubender hat immer eine Heimat;
ein Liebender geht nie in die Irre.
NACH NELLY SACHS

Trotz der landschaftlich schönen Umgebung im Frankenland freut sich Engelmar immer wieder, wenn er in den Ferien nach Greifendorf fahren darf. Wenn er heimkommt, ist es zu Hause wie immer. Die Mutter ist, so wie sie am blank gescheuerten Küchentisch sitzt, noch stiller, die Mädchen sind noch erwachsener geworden. Immer ist jedoch die Arbeit die gleiche. Das bedeutet für Engelmar, der hier wieder der »Unzeitig Hubert« ist, früh aufzustehen und bei der Ernte zu helfen.

Als er in diesem Sommer nach Hause kommt, sind die Schwestern sehr nervös. »Was ist denn bloß los?« will Hubert wissen. »Stell Dir vor, es ist doch Manöver, und bei uns sollen 30 Soldaten einquartiert werden! Wir haben doch viel zu wenig Platz, von der Mehrarbeit zu schweigen.« Frau Unzeitig wirkt bekümmert: Soldaten jetzt in der Erntezeit, von denen man nicht weiß, wie sie sich benehmen werden. Kein Wunder, dass die Mutter noch weniger spricht als sonst. Auch Hubert weiß zunächst keinen Rat. Aber der Gedanke, dass seine Schwestern den Witzen, vielleicht sogar Anzüglichkeiten und Zoten einfacher Soldaten ausgesetzt sein sollen, behagt ihm gar nicht. Aber zu tun ist da wohl nicht viel…

Wieder einmal sitzt die gesamte Familie in der Küche zusammen. Es ist Samstagnachmittag, Hubert will nachher zur Abendandacht in die Kirche gehen und hat schon den Habit seines Ordens angelegt. Plötzlich klopft es an der Haustür. Regina, die nach vorne gelaufen ist, um nach dem Besucher zu schauen, stürzt zurück in die Küche und sprudelt atemlos: »Da ist ein tschechischer Offizier, der wegen der Einquartierung kommt!« Ruhig steht Engelmar auf. »Na, da muss ich als der Mann in der Familie ja wohl ran und die Verhandlungen führen«, lächelt er und verschwindet nach vorn in die gute Stube, die bei Unzeitig nach wie vor nur bei besonderen Gelegenheiten benützt wird.

Die Mädchen spitzen die Ohren. Dass sich ein solches Benehmen für junge Damen nicht gehört, ist ihnen ziemlich egal. Abwechselnd schleichen sie unter irgendwelchen fadenscheinigen Vorwänden durch den Flur, gehen sehr langsam an der Wohnzimmertür vorbei. Nur: leider bekommen sie von dem in Tschechisch geführten Gespräch – wie gut, dass unser Hubert so viele Sprachen beherrscht! – nicht allzu viel mit. Dann klappert die Tür. Der Offizier, der eine ganze Reihe Rangabzeichen trägt und wohl ein hohes Tier sein muss, verabschiedet sich sehr höflich, um nicht zu sagen, geradezu respektvoll, von Hubert. Einen Blick auf Else und Marie werfend, die jetzt im Flur aufgetaucht sind, sagt er lächelnd, »Natürlich bekommen Sie, meine Damen, keine Einquartierung!« Zum Abschied schüttelt er Hubert lange die Hand.

Während Frater Engelmar fleißig, wie es seine Art ist, seine Philosophie- und Theologiestudien absolviert, bedrängen die neuen Machthaber die Kirchen allmählich immer stärker. Die Nationalsozialisten können sich das jetzt leisten: Seit 1933 sind die Polizeikräfte durch Himmler und Heydrich systematisch und konsequent ausgebaut worden, sodass jede Aktion zentral gesteuert werden kann. Abschluss und Höhepunkt dieser Entwicklung ist die Ernennung Himmlers am 17. Juni 1936 zum »Chef der Deutschen Polizei im Reichsministerium des Inneren.« Nur wenige Tage später wird Heydrich zum »Chef der Sicherheitspolizei« ernannt. Regelungen oder Gesetze gibt es nicht: Praktisch können Himmler und Heydrich tun, was immer sie wollen. Schon bald haben sie ihren eigenen »SS-Staat« geschaffen.

Im Piusseminar versuchen die Oberen ihre Studenten auf die kommenden Zeiten vorzubereiten, in denen die Kirche vermutlich noch stärker als bisher Verfolgungen ausgesetzt sein wird. Und doch ist Frater Engelmar ganz froh und gelöst, als er am 11. Mai 1938 die Tonsur und am 31. Juni bzw. am 1. August die »Niederen Weihen« erhält. Weil nur »Studierende an Theologischen Fakultäten« vom Wehrdienst befreit sind, besuchen jetzt die Mariannhiller die Universität in Würzburg. Dieser Wechsel von der ordenseigenen Hochschule zur Universität bedeutet aber auch keine totale Sicherheit. Im Frühjahr 1938 mussten bereits die ersten vier Mariannhiller Kleriker zum Militärdienst einrücken. Im Übrigen wird beispielsweise die Theologische Fakultät der Universität München 1939 aufgelöst, weil der Münchener Erzbischof Kardinal Michael Faulhaber auf die Wahrung der Konkordatsrechte pochte.

Vorher gab es jedoch ein Ereignis von größter politischer Bedeutung, nämlich den 15. März 1938, der Tag des von Hitler verfügten »Anschlusses«, nachträglich gerechtfertigt durch die Volksabstimmung am 10. April, in der sich 99 Prozent der österreichischen Bevölkerung für den Anschluss ihres Landes an das Großdeutsche Reich aussprechen. Adolf Hitler hält am 3. April seinen triumphalen Einzug in Wien. Alle Kirchenglocken läuten. Der Wiener Erzbischof, Kardinal Theodor Innitzer, begrüßt feierlich den Führer, nachdem er schon früher eine Erklärung der Bischöfe mit »Heil Hitler« unterzeichnet hatte. Die Stimmen der Sprecher, die die Ereignisse in Wien für das Radio kommentieren, kippen fast über vor Begeisterung.

Mit heißem Herzen und leuchtenden Augen sitzt Engelmar vor dem Volksempfänger. Und diesmal ist er mit seiner Sympathie für den Führer nicht allein. Später urteilt ein Mitbruder, Pater Helmut Hartmann, über ihn und diese Zeit: »In der Rückerinnerung glaube ich sagen zu dürfen, dass er religiös-sittlich vorbildlich war. Politisch haben wir uns nicht verstanden. Es war die zweite Hälfte der Dreißiger Jahre! Der Einmarsch auf Befehl Hitlers in Österreich, die Angliederung der Tschechoslowakei usw., all dies hat Frater Unzeitig sehr begrüßt wegen der Unterdrückung des Deutschtums in seiner Heimat. Das kann man verstehen... Es ist meine feste Überzeugung, dass er ideologisch nichts mit dem Nazismus zu tun hatte.« Später fügte er noch hinzu: »Ich weiß nur, dass er gerne und eifrig über Probleme diskutiert hat, dass er fleißig beim Studium war und für Hitler eintrat, weil er das Sudetenland befreit hat vom tschechischen Joch.«

Das strahlende Bild verdunkelt sich

Aber dann, am 10. Juni 1938, bekommt das strahlende Bild vom großen Führer, der sein Volk siegreich nach Gottes Willen in eine bessere Zukunft führen wird, plötzlich erste dunkle Flecken. Im Piusseminar läuft alles seinen gewohnten Gang. Auf einmal hastige Schritte, angstvolle Gesichter. Die Geheime Staatspolizei ist im Haus! Was will sie hier bloß? Niemand weiß etwas. Wilde Gerüchte tauchen auf und verstummen wieder. »Vermutlich handelt es sich einfach um einen Irrtum, so etwas gibt es doch!« denkt Engelmar immer noch sehr zuversichtlich. Aber anscheinend ist es doch kein Irrtum, denn nun wird das ganze Haus durchsucht. »Begeben Sie sich alle sofort in den Speisesaal«, sagt eine scharfe Stimme. Die jungen Männer sitzen an den Tischen zusammen. Lust zu reden hat niemand. Viele lassen die Perlen des Rosenkranzes durch ihre Finger gleiten. Dann wird plötzlich die Tür aufgerissen und einige Brüder barsch aufgefordert, herauszukommen. Sie werden von der Gestapo »im Rahmen der Sittlichkeitsprozesse« verhört. Engelmar ist vollkommen verstört. Wie kann die Polizei, die Partei, solch absurde Vermutungen überhaupt haben?

Diese Aktion gehört zu dem von den Nationalsozialisten begonnenen Kampf gegen die Ordensgemeinschaften. Dass Prozesse gegen Ordensgeistliche wegen angeblicher Devisenschiebereien und Sittlichkeitsvergehen inszeniert werden, kann Hubert einfach nicht begreifen. Es macht ihn sehr nachdenklich.

Inzwischen hat Hitler die sudentendeutsche Minderheit ganz für sich begeistert. Er beruft sich auf das Selbstbestimmungsrecht der Völker, beansprucht die in den Sudeten besiedelten Gebiete der Tschechoslowakei als »letzte territoriale Forderung.« Was niemandem bekannt ist: Deutsche Diplomaten beschwören Chamberlain, in der Sudetenkrise nicht nachzugeben. Aus Abneigung gegen »civilian disobedience«, also zivilen Ungehorsam, lehnt dieser aber ab. Inzwischen hat sich um den 1938 verabschiedeten Generalstabschef Oberst Ludwig Beck und den Leipziger Oberbürgermeister a. D. Carl-Friedrich Goerdeler eine Gruppe gebildet, die Hitler absetzen und wieder rechtsstaatliche Zustände herstellen will.

Im September 1938 sieht es gefährlich nach Krieg aus. Dann kommt es zum Münchner Abkommen, in dem Mussolini, Chamberlain und Deladier Hitler zugestehen, die deutschsprachigen Randgebiete, also das Sudetenland, dem Deutschen Reich einzuverleiben. Dieses Abkommen verhindert jedoch nicht, dass im März 1939 die restliche Tschechei als »Protektorat Böhmen und Mähren« vom Führer praktisch annektiert und die Slowakei mit der Hauptstadt Preßburg/Bratislava ein selbstständiger Staat von Hitlers Gnaden mit seinem Statthalter Dr. Tiso wird.

Über diese politische Entwicklung ist Frater Engelmar überglücklich. Dass das Gespenst des Krieges bereits den Horizont verdunkelt, bekommt er in seiner Freude darüber, dass seine Heimat nun endlich wieder »deutsch« ist, gar nicht so richtig mit. Dabei wissen die Mariannhiller, die durch ihre Ordensniederlassungen in Holland, Südafrika, Rhodesien und den USA informiert werden, längst, dass es schlecht um das Deutsche Reich bestellt ist und alles auf eine baldige bewaffnete Auseinandersetzung hinaus läuft.

Die »brennende Sorge« des Heiligen Stuhls

»Wenn es darum geht, einige Seelen zu retten, haben wir den Mut, sogar mit dem Teufel zu verhandeln.«
PAPST PIUS XI.

Am 13. August 1929 war es dem damaligen Apostolischen Nuntius, Erzbischof Eugenio Pacelli, gelungen, das »Konkordat« mit dem Freistaat Preußen und dem Heiligen Stuhl abzuschließen, dessen erster und wichtigster Satz lautete: »Der Freiheit des Bekenntnisses und der Ausübung der katholischen Religion wird der Preußische Staat den gesetzlichen Schutz gewähren.«

Im weiteren Wortlaut wird der Einfluss des Staates auf die Ernennung der Bischöfe eingeschränkt, Geistlichen das Studium in Rom ermöglicht, das veraltete staatliche Patronatsrecht modernisiert, Breslau zum Erzbistum erhoben und das Bistum Berlin gegründet. Als Entgelt für die in der Säkularisation eingezogenen Kirchengüter leistet der Staat entsprechende Zahlungen. Diese »Vereinbarung« – Rom hatte aus Entgegenkommen das Wort »Konkordat« vermieden –, wurde später vom Deutschen Reich übernommen.

Der Papst, immer gut unterrichtet durch Erzbischof Pacelli, der nun Apostolischer Nuntius (des Deutschen Reiches) in Berlin ist, betrachtet inzwischen die politische Entwicklung mit großer Sorge: Die deutschen Bischöfe hatten ja am 28. März 1933 ihre Warnungen vor Hitler und ihre Verurteilung der Ideologie der NSDAP zurückgenommen. Sie hatten den Gläubigen geschrieben, es sei anzuerkennen, dass Hitler öffentlich und feierlich erklärt habe, die Unverletzlichkeit der katholischen Glaubenslehre und die Rechte der Kirche seien garantiert. Allerdings war der deutsche Episkopat bei der »Verurteilung bestimmter religiös-sittlicher Irrtümer« geblieben, hatte aber gleichzeitig die Gläubigen ermahnt zur »Treue gegenüber der rechtmäßigen Obrigkeit.«

Papst Pius XI. richtete in der Zeit von 1933 bis 1936 insgesamt 34 Protestschreiben an die deutsche Reichsregierung, die fast alle unbeantwortet blieben. Aber irgendwann reichte es sogar auch einem Papst: Am 4. März 1937 richtete er sich schließlich in seiner Enzyklika »Mit brennender Sorge« an die »Weltöffentlichkeit« – gemeint ist jedoch das Deutsche Reich (die Enzyklika ist im Gegensatz zum sonst üblichen Latein in Deutsch verfasst!). In diesem Schreiben prangert er die unchristlichen Lehren und die unmenschlichen Praktiken des deutschen Nationalsozialismus an. Pius XI. verwahrte sich dagegen, dass von der Reichsregierung »die Vertragsumdeutung, die Vertragsumgehung, die Vertragsaushöhlung, schließlich die mehr oder minder öffentliche Vertragsverletzung zum umgeschriebenen Gesetz des Handelns gemacht werden.« Dann legte er gegenüber der missbräuchlichen Verwendung christlicher Worte und Begriffe den richtigen Sinn und

Wahrheitsgehalt der wesentlichen Glaubenslehren und der sittlichen Ordnung dar.

Das grundsätzlich Unchristliche der nationalsozialistischen Weltanschauung verurteilt der Papst mit Worten, die so eindeutig und klar sind, wie man sie bisher noch nie gehört hat: »Wer die Rasse oder das Volk oder den Staat oder die Staatsform, die Träger der Staatsgewalt oder andere Grundwerte menschlicher Gemeinschaftsgestaltung, die innerhalb der irdischen Ordnung einen wesentlichen und Ehren gebietenden Platz behaupten, aus dieser irdischen Wertskala herauslöst, sie zur höchsten Norm aller, auch der religiösen Werte macht und sie mit Götzenkult vergöttert, der verkehrt und fälscht die gottgeschaffene und gottbefohlene Ordnung der Dinge.«

Gedacht ist das päpstliche Rundschreiben als ein Wort der Wahrheit und seelischer Stärkung für die Katholiken in Deutschland, die »von tausend Formen organisierter religiöser Unfreiheit umgeben sind« und auf denen »der Mangel wahrheitsgetreuer Unterrichtung und normaler Verteidigungsmöglichkeit« schwer laste. Immerhin gelingt es, dieses Schreiben auch auf den meisten deutschen Kanzeln zu verlesen. Kein Wunder, dass Hitler vor Wut schäumt! Die Verfolgung der katholischen Kirche nimmt an Schärfe zu. Die bereits in allen Einzelheiten geplante große Abrechnung mit der katholischen und evangelischen Kirche in Deutschland soll jedoch bis nach dem Endsieg warten. Noch braucht man die Menschen. Sogar »Pfaffen« können nützlich sein.

Papst Pius XI. stirbt am frühen Morgen des 10. Februars 1939. »Er lebte 81 Jahre, 8 Monate und 10 Tage. Er regierte die Kirche 17 Jahre und 5 Tage« heißt es auf einem der drei Särge, in denen sein Leichnam gebettet wird. Schon im September 1938, als es so sehr nach Ausbruch des Krieges aussah, hatte er Gott sein Leben als Opfer für die Erhaltung des Friedens der Völker dargeboten. Eugenio Pacelli wird an seinem eigenen Geburtstag, am 2. März, zum Papst gewählt, nimmt den Namen Pius XII. an. In seiner ersten Verlautbarung, die durch den Vatikansender in aller Welt verbreitet wird, stellt er wie sein Vorgänger die Missionen, die Katholische Aktion, vor allem aber die Erhaltung des Friedens in den Mittelpunkt seiner Arbeit und mahnt die Menschen ausdrücklich zum Frieden. Aber weder seine Botschaft anlässlich seiner Krönung am 12. März noch sein beschwörender Appell von seiner Sommerresidenz Castel Gandolfo aus, die er vor allem an die verantwortlichen Machthaber richtet, finden Gehör: »Nichts ist verloren mit dem Frieden, alles kann verloren sein mit dem Krieg.«

Unzeitig, bitte beim Rektor melden

Am 1. Mai 1938 hat Engelmar die Ewigen Gelübde abgelegt und sich damit für immer dem Orden verschrieben. Die Sommerferien sind diesmal länger als üblich, müssen sich doch die jungen Kleriker am »Ernteeinsatz« beteiligen. Engelmar wird nach Sankt Georgen in Kärnten geschickt. Als nach den

Sommerferien acht Fratres (nach Beendigung ihres Ernteeinsatzes in Holland) wieder ins Piusseminar zurück kommen, reden die jungen Leute wieder öfter über Politik. Frater Engelmar beteiligt sich kaum an solchen Diskussionen, er scheint sich seiner Sache nicht mehr so hundertprozentig sicher zu sein. Aber noch ist der Führer für ihn gewissermaßen der Befreier seiner geliebten Heimat.

Frater Engelmar »möge sich bitte beim hochwürdigen Pater Rektor melden« heißt es eines Tages auf einem kleinen Zettel, den er Ende Februar 1939 auf seinem Schreibtisch findet. »Was mag bloß los sein?«, fragt er sich und berichtet seinem Landsmann und Freund Ansbert Bieberle von der Aufforderung. »Ich muss ebenfalls zum Rektor kommen«, gesteht dieser.

Gemeinsam machen sie sich auf den Weg. Freundlich, aber gleichzeitig sehr besorgt, schaut Pater Rektor die beiden jungen Sudentendeutschen an, die nun verlegen vor ihm stehen. »Wie Sie wissen, sind bereits im letzten Jahr einige ihrer Mitbrüder als »Simplex-Priester«, (Priester, die zwar geweiht sind, aber noch nicht alle priesterlichen Funktionen ausüben dürfen, wie beispielsweise die Beichte zu hören), in unsere Mission nach Südafrika gegangen«, eröffnet der Rektor das Gespräch, nachdem sich die beiden Fratres auf die Kanten der beiden unbequemen Holzstühle vor seinem Schreibtisch gesetzt haben. Engelmar wird es ganz warm vor Freude. Sollte sich sein Traum, in die Mission gehen zu dürfen, schon jetzt erfüllen? Aber sogleich erfolgt das unsanfte Erwachen, denn der Pater Rektor möchte auf einen anderen Punkt hinaus: »Leider ist dies nicht mehr möglich, denn die deutschen Behörden erlauben niemanden mehr, nach Südafrika oder Rhodesien auszureisen.«

Engelmar schluckt seine Enttäuschung herunter: »Gott, Du weißt, wie gerne ich jetzt schon in Deinen Weinberg gegangen wäre«, betet er still. Auch Frater Ansbert versucht tapfer, sich seine Frustration nicht anmerken zu lassen. Der Obere, dem der stille Kampf der Beiden nicht entgangen ist, lächelt nun wieder: »Aber Sie hätten immerhin die Möglichkeit, nach Nordamerika zu gehen und sich dort weihen zu lassen. Sie können dann von dort aus in unsere Missionsgebiete ausreisen.« Die beiden strahlen ihn an, können kaum ihren Dank ausdrücken.

Natürlich wollen sie sich, wie es ihnen der Rektor nahe gelegt hat, so schnell wie möglich die Pässe besorgen. Jetzt, wo sie endlich wieder »richtige« Deutsche sind, dürfte dies ja nicht schwer sein, meint Engelmar zu Ansbert. Zusammen mit ihnen bemühen sich weitere Kursgenossen, die ebenfalls für die Weihe in Amerika vorgesehen sind, um Ausreisepapiere. Aber nicht nur, dass alle Anstrengungen vergeblich sind – auch der sonst übliche missionsärztliche Kurs am Missionsärztlichen Institut in Würzburg kann nicht mehr stattfinden. Es ist einfach zu spät: für Engelmar, für Ansbert, für Deutschland…

Dafür sieht Engelmar allmählich ein, dass er – und mit ihm zusammen viele Hunderttausende – Laien, aber auch Priester und Bischöfe – einem gefährlichen Trugbild aufgesessen ist: Hitler, der große Führer, ist nichts anderes als der große Ver-führer.

Der Tag der Priesterweihe

In tiefer Andacht hat Frater Engelmar am 19. Februar 1939 die Weihe zum Subdiakon und am 5. März die Weihe zum Diakon empfangen. Die Priesterweihe ist auf Sonntag, den 6. August, festgelegt worden. Für Mutter Unzeitig, die nie so ganz gesund war, ist die Reise von Greifendorf nach Würzburg zu weit. Sie kann an dem größten Tag im Leben ihres Sohnes nicht teilnehmen. Aber auch dieses Opfer bringt sie freudig. Noch einmal kniet sie vor der Schmerzensmutter, der sie schon oft ihren einzigen Sohn empfohlen hat, und fleht den Segen Gottes auf ihn herab. Einen Trost hat sie: die Primiz soll zu Hause nach alter Tradition ganz groß gefeiert werden! Auch Engelmars Schwester Regina kann nicht nach Würzburg kommen. Die junge Frau hat sich vor zwei Jahren im Alter von 23 Jahren den Mariannhiller Missionsschwestern vom Kostbaren Blut angeschlossen und ist in deren Niederlassung Wernberg in Kärnten eingetreten. Sie nennt sich jetzt Sr. Adelhilde und ist ihrem Bruder Hubert dankbar, dass er ihr durch einen regen Briefwechsel geholfen hat, ihre Berufung als Missionsschwester zu finden. Die beiden Schwestern Else und Emilie wollen übrigens beide so schnell wie möglich heiraten, da muss jeder Groschen gespart werden.

Darum wird Engelmars Schwester Marie alleine und mit klopfendem Herzen die weite Reise nach Würzburg machen. Nie zuvor ist sie im Ausland gewesen, das jetzt ja Großdeutschland heißt. Die Fahrt verläuft für sie ohne Schwierigkeiten. Zu ihrer großen Freude ist das Verhältnis zu ihrem Bruder ebenso eng wie früher.

Endlich kommt der Sonntag, der 6. August 1939, der Tag der Priesterweihe, dem einwöchige Exerzitien vorausgegangen sind. Die jungen Kleriker liegen lang ausgestreckt auf dem Boden des Altarraumes vor ihrem Bischof. Und dann spricht Engelmar Unzeitig mit klarer fester Stimme sein » Adsum: Hier bin ich« als Ausdruck seiner Verfügbarkeit gegenüber Gott und den von Gott gewollten Vorgesetzten. Engelmar ahnt nicht, dass Gott seine Bereitschaft zum letztem Opfer, diese totale Hingabe an den Willen Gottes, zu dem er heute zusammen mit den anderen jungen Männern mit glühendem Herzen seine Bereitschaft bekundet hat, schon sehr bald einfordern wird.

Der Tag verläuft festlich und harmonisch, Marie ist glücklich, bei diesem Fest dabei sein zu dürfen und ist von dem Treiben um sie herum einfach fasziniert. Am Montag, so haben sie ausgemacht, geht sie mit Hubert den Kelch aussuchen, den Mutter und Geschwister ihm zur Primiz schenken wollen. Auf der Innenseite des Kelchfußes lassen sie eingravieren: »Pater Engelmar Unzeitig C.M.M. zur Primiz von Eltern und Geschwistern, 15.8.1939.«

Natürlich möchte Marie noch mehr von der Stadt sehen. Bereitwillig spielt Hubert den Fremdenführer und zeigt ihr die schönsten Bauten der Barockstadt, die ihn selbst einmal so beeindruckt haben: »Komm, lass uns noch einmal in den Dom gehen«, bittet Marie den Bruder und denkt: »Damit ich mich ein bisschen ausruhen kann.« In den neuen eleganten Schuhen mit den höheren Absätzen tun ihr die Füße weh; das ungewohnte Kopfsteinpflaster macht das Gehen nicht gerade leichter.

Sie treten in das kühle Halbdunkel der Kirche und setzen sich in eine der Bänke. Flüsternd beugt sich Pater Engelmar zu seiner Schwester hin, um sie auf eine Statue der heiligen Katharina aufmerksam zu machen, die ja auch in Greifendorf besonders verehrt wird.

Plötzlich sehen die beiden Geschwister Schatten im Halbdunkel auftauchen. Zwei Männer in hellen, leichten Staubmänteln gehen an ihnen vorbei, blicken sich unauffällig nach Bruder und Schwester um, fixieren sie scharf. »Komische Beter«, denkt Marie, und weiß nicht recht, was sie von der Sache halten soll. Dann hört sie von der Kanzel ein Geräusch. Erstaunt blickt sie hoch. Da sieht sie die beiden Männer dort oben stehen, der eine nestelt an seinem Fotoapparat. »Schnell, nichts wie weg« flüstert ihr Hubert zu, springt auf und läuft mehr als er geht zum Haupteingang. Verwundert folgt ihm Marie, langsamer, nicht nur wegen ihrer müden Füße. »Was soll das Ganze eigentlich?« fragt sie etwas ungehalten. Hubert, der draußen vor dem Portal an einen Pfeiler gelehnt und dadurch halb verdeckt auf sie gewartet hat: »Wirst es schon früh genug sehen«, meint er etwas unwirsch und dann sehr ernst: »Morgen steht in der Zeitung: »Pfarrer nähert sich junger Dame im Kiliansdom.« Pater Engelmar Unzeitig, er, der so leidenschaftlich den Schönhengstgau liebt und darum dem Führer so naiv vertraute, hat jedenfalls seine Lektion gelernt …

Primiz mit Hindernissen

Natürlich wollen die beiden Freunde und Landsleute, Pater Ansbert und Pater Engelmar, ihre jeweilige Primiz so feiern, dass der Eine an der Feier des Anderen teilnehmen kann. Ansbert Bieberle möchte am Sonntag, den 13. August, in seiner Heimatgemeinde Kronau sein erstes heiliges Messopfer feiern; Pater Engelmar findet den 15.August, den Tag, an dem die Kirche seit alters her Maria, die in den Himmel aufgenommen wurde, besonders verehrt, für sich sehr passend. Hat ihn doch die Gottesmutter bisher geleitet und beschützt…

Die Primiz von Pater Ansbert in Kronau wird nach alter Tradition so feierlich wie möglich begangen. Während die Sonne vom wolkenlosen Himmel strahlt, begleiten die jungen Mädchen des Dorfes als »Primizbräutchen« – dafür durften sie zu ihrer Freude noch einmal ihre weißen Erstkommunionkleider anziehen – den Primizianten in einer großartigen Prozession durch das mit viel grünen Zweigen, Blumen, Wimpeln und Fahnen geschmückte Dorf in die Kirche. Angeführt wird der festliche Zug von der Musikkapelle, die das »Großer Gott, wir loben Dich« nahezu fehlerfrei spielt. Das Ereignis wird zu einem frohen Fest, an dem das ganze Dorf teilnimmt.

Den Tag ebenso zu begehen – es heißt, dem ersten Messopfer eines Neupriesters beizuwohnen, sei es wert, ein paar Schuhsohlen durchzulaufen – haben sich auch die Unzeitigs gewünscht. Aber dann kommt es ganz anders: Dienstag, 15. August. Die Primizmesse ist auf 10 Uhr festgelegt. Kein Wunder, dass die ganze Familie früh auf den Beinen ist. Mutter und Marie sind in der Küche. Else und Emilie machen sich in der guten Stube zu schaffen. »Hubert wird wohl beten, vielleicht den Rosenkranz«, denkt Marie und bemüht sich, möglichst leise zu sein, um ihren Bruder bei seiner frommen Beschäftigung heute ja nicht zu stören. »Wie schade, dass Regina nicht bei uns sein kann!« Mutter Unzeitig, etwas fremd in ihrem schwarzen Taftkleid, seufzt ein wenig. Sie hat ihre jüngste Tochter nicht gerne hergegeben, mochte ihr aber auch nicht verweigern, was sie ihrem Sohn zugestanden hat. Überhaupt wird es in der nächsten Zeit um sie herum sehr still werden. Die beiden Mädchen heiraten nach Pohler. Übrig bleibt ihr Marie, die sich mit ihr zusammen – so gut es eben geht – um die Landwirtschaft kümmern wird.

Ein lautes Pochen an der Tür unterbricht ihre trübsinnigen Gedanken, die so gar nicht zum heutigen

Festtag passen wollen. Aber vielleicht ist es auch nur der Regen – seit heute früh hat er sich wie ein grauer Schleier auf das Grün der Felder und Wälder gelegt –, der schuld an ihrer Melancholie ist. Gerade heute, wo sie doch glücklich und stolz auf ihren Sohn sein sollte, schilt sie sich in Gedanken selber. Doch da kommt auch schon Jan, der alt gediente Gemeindebote, der normalerweise auch die übrige Post austrägt, in die Küche geschlurft und nimmt aus seiner Tasche ein dick versiegeltes Schreiben. Sehr vorsichtig, so, als ob er sich daran die Finger verbrennen könnte, legt er es auf den Küchentisch, den schon eine handgestickte Leinendecke schmückt. Mutter Unzeitig runzelt die Stirn, als sie die Flecken sieht, die seine nassen Schuhe auf den schwarzweißen Fliesen des Fußbodens hinterlassen. »Da werd ich noch mal überputzen müssen«, denkt sie und erschrickt erst, als sie das Siegel des amtlichen Schreibens aufbricht. Dass dieses Schreiben an »Pater Engelmar Hubert Unzeitig« gerichtet ist, merkt sie in ihrer Aufregung gar nicht. Sie entnimmt dem Text, dass der Kreisleiter die beabsichtigte Prozession zur Kirche nicht genehmigt. Ihre Enttäuschung ist grenzenlos.

Also keine Prozession, wie es von alters her Brauch ist! »Mir fehlt noch die Unterschrift«, erinnert Jan. Er schließt die Tür leiser als es sonst seine Art ist, bevor er wieder in den Regen hinaus stapft und ins Dorf zurückgeht. Die kleinen Wimpel, die den Weg zur Kirche säumen, sind ganz unansehnlich geworden. Wie welke Blumen kleben sie an den Holzzäunen der Häuser. Die großen tropfnassen Fahnen klatschen dagegen laut im aufkommenden Wind an die hölzernen Fahnenstangen, ein fast unangenehmes Geräusch.

»Hol schnell den Hubert und sag es ihm«, bittet die Mutter ihre Tochter Marie, bevor sie sich, erschöpft durch die Aufregung, an den Tisch setzt. Pater Engelmar wirkt gar nicht so enttäuscht. »Nun, es ist ja noch früh genug«, tröstet er die Mutter. »Wir müssen nur schnell dem Josef Bescheid sagen, dass wir seinen Bus brauchen, um zur Kirche zu fahren. Der freut sich doch, wenn er ein paar Kronen an uns verdienen kann.«

Trotz des Regens und der behördlichen Einschränkungen wird der Tag dann doch noch schön und festlich begangen. Pater Willehad Krause, der Rektor des Piusseminars in Würzburg, hat es sich nicht nehmen lassen, die Primizpredigt zu halten.

Für die Messfeier hatte es allerdings schon früher Auflagen gegeben. Sie durfte nicht, wie ursprünglich vorgesehen, im Freien stattfinden – dann hätte nämlich das gesamte Dorf und die Freunde aus Pohler daran teilnehmen können –, sondern musste in der Pfarrkirche gefeiert werden. »Das ist ja vielleicht sogar Glück, denn sonst hätten wir unsere guten Kleider verdorben«, raunt die alte Nachbarin, Frau Leicher, ihrer Freundin zu und zupft dabei ihren breiten Spitzenkragen gerade. Sie fühlt sich den Unzeitigs besonders verbunden, hat doch damals, nach dem frühen Tod von Johann Unzeitig, ihr Mann Franz die Vormundschaft für die Kinder übernommen.

»Ab 4.45 Uhr wird zurück geschossen«

Die Oberen haben Pater Engelmar einige Tage Urlaub gegeben. Leider gehört er nicht zu den heimlich beneideten Mitbrüdern, die sofort in die USA ausreisen dürfen. Denn zwölf seiner Kurskollegen haben doch noch einen Pass und ein amerikanisches Visum bekommen, er nicht. »Gott und die Gottesmutter werden schon wissen, wie ich am besten für ihre Sache tätig sein kann«, tröstet sich Pater Engelmar und genießt die schönen, noch recht warmen Herbsttage zu Hause. Denn helfen darf er dieses Mal seinen älteren Schwestern bei der Feldarbeit nicht. Dazu hätte er auch überhaupt keine Zeit, weil so viele Verwandte zu Besuch kommen. Mutter Unzeitig steht mit ihren jüngeren Töchtern in der Küche, noch einmal gibt es den besonders von ihrem Sohn so heiß geliebten Apfelstrudel...

Für Freitag, den 1. September 1939, hat sich Hubert – im Dorf kann sich noch niemand so richtig an den »hochwürdigen Pater Engelmar« gewöhnen – vorgenommen, einen Besuch in Pohler zu machen. Schließlich möchte er seinen beiden zukünftigen Schwägern, die er natürlich schon kennt, noch einmal »so richtig auf den Zahn fühlen«, wie er seine Schwestern neckt. Und dann plötzlich die schreckliche Nachricht im Radio: »Seit 4.45 Uhr wird zurück geschossen.«

Deutsche Soldaten sind ohne formelle Kriegserklärung in Polen einmarschiert... Dieser Coups ist von Hitler, der grimmig entschlossen den so genannten »deutschen Lebensraum« erweitern will, raffiniert vorbereitet worden: Am 22. März hatte er Litauen ultimativ zur Rückgabe des Memel Gebiets genötigt, am 28. April das Flottenabkommen mit England und gleichzeitig den Freundschaftspakt mit Polen gekündigt. Gleichzeitig wurde der Bau des Westwalls beschleunigt und am 22. Mai mit Italien der so genannte »Stahlpakt« geschlossen. Um einen Zweifrontenkrieg zu vermeiden, folgte am 23. August ein Nicht-Angriffspakt mit der Sowjetunion. England und Frankreich garantierten ihrerseits Polen, dass es in seinen jetzigen Grenzen bestehen bleibe. Dieselbe Garantie gaben die beiden Westmächte auch Griechenland, Rumänien und der Türkei, die sich ebenfalls von Hitlers Expansionsbestrebungen bedroht fühlen.

Während er selber alle Bündnisse bricht, ist Hitler in seiner Verblendung fest davon überzeugt, dass die beiden Westmächte nicht zu ihren Verpflichtungen stehen werden. Aber da hat er sich getäuscht: Am 3. September erklären Frankreich und Großbritannien Deutschland den Krieg. Im Reich werden die beiden bisher getrennten Organisationen, die Geheimpolizei »Gestapo« und der Sicherheitsdienst am 27. September 1939 zu einem »Reichssicherheitshauptamt«

RSHA vereinigt, an dessen Spitze weiterhin Heydrich – nach 1942 Ernst Kaltenbrunner – steht. Das bedeutet auch, dass der Kampf gegen die Kirchen intensiver wird.

»Euch fehlt es ja an Vaterlandsliebe!«

So schnell wie möglich kehrt Pater Engelmar nach Würzburg zurück. Hier hat sich schon einiges verändert: Die holländischen und schweizerischen Mitbrüder sind Hals über Kopf in ihre Heimat zurückgekehrt. Von den Nazis beschlagnahmt, dient das Seminargebäude während des gesamten Krieges als Reserve-Lazarett. Weil Engelmar noch sein Pastoraljahr absolvieren muss, übernimmt er in der Umgebung von Würzburg Seelsorgevertretungen – Beichte hören darf er allerdings noch nicht. Das Abschlussexamen von Pater Engelmar im Sommer 1940 fällt recht gut aus. Nur: die Afrika Mission kann er sich – zumindest für die Dauer des Krieges – aus dem Kopf schlagen! Stattdessen versetzen ihn seine Oberen nach Schloss Riedegg bei Gallneukirchen in der Diözese Linz in Oberösterreich.

Die Mariannhiller hatten dieses Haus erst 1936 erworben, um dort – neben St. Paul in den Niederlanden – eine weitere Ausbildungsstätte für den Ordens- und Missionsnachwuchs einzurichten. Hierher hatte sich Generalsuperior Pater Reginald Weimann geflüchtet, als man ihn in Deutschland verfolgt und ihm mit dem KZ gedroht hatte.

Inzwischen hat die Wehrmacht Dänemark und Norwegen besetzt und die Niederlande, Belgien und Frankreich überrannt. Die Deutschen befinden sich im Siegestaumel. Heute, am Sonntagmorgen, dauert das Frühstück bei den Patres im Schloss etwas länger als sonst. Ausnahmsweise wird wieder einmal über Politik gesprochen, über die siegreichen Feldzüge des Heeres. Als sich einige Mitglieder der Mariannhiller Kommunität etwas skeptisch äußern und meinen, dieser Krieg könne einfach nicht gut ausgehen, verliert Pater Engelmar wieder einmal die Beherrschung. Hitzig wirft er in die Debatte: »Ihr wisst ja überhaupt nicht, wovon ihr eigentlich redet. Ihr habt ja nie die Not gesehen, ihr habt ja keine Ahnung, wie schrecklich es ist, auf sein Volkstum, seine Sprache verzichten zu müssen und als Minderheit unterdrückt zu werden.« Pater Engelmar wird immer erregter und lauter. Schließlich bricht es aus ihm heraus: »Ich glaube, ihr wisst gar nicht, was es heißt, ein Vaterland zu haben. Sonst müsstet ihr stolz darauf sein, Deutsche zu sein und euer Vaterland lieben!«
Das ist dem Superior und Provinzial-Oberen dann doch zu bunt! »Nun ist es aber genug!« ruft er schneidend dazwischen. »Wie können Sie es wagen, Pater Engelmar, zu behaupten, uns fehle es an Vaterlandsliebe?« Pater Heberling regt sich jetzt richtig auf. Er war im Ersten Weltkrieg selbst Soldat und hat für seine Tapferkeit das Eiserne Kreuz I. und II. Klasse sowie die Badische Verdienstmedaille bekommen. Und da kommt so ein junger Spund und redet schlau daher…

Betroffen schweigt Pater Engelmar. Der Appetit ist ihm vergangen, so gespannt ist die Atmosphäre. Schließlich schaut er auf, blickt seinem Vorgesetzten in die Augen und sagt ganz ruhig: »Es tut mir sehr leid. Ich wollte niemandem von Ihnen zu nahe treten oder sogar wehtun. Bitte verzeiht mir alle.« Leise geht er hinaus. Später kniet er wieder einmal lange in der Hauskapelle.

Der Obere hat diesen Vorfall schnell vergessen. Er findet es ganz normal, dass in dieser Zeit auch die politischen Wogen manchmal höher schlagen. Darüber hinaus weiß er von anderen Mitbrüdern, ja sogar von einigen Vorgesetzten und Bischöfen, dass diese Hitler, der im Moment das deutsche Volk zu neuer Glorie zu führen scheint, durchaus positiv gegenüber stehen.

Engelmar wird zum Père

Pater Engelmars Funktion, die er in Riedegg übernehmen soll, ist von seinen Oberen als »Aushilfspriester« bezeichnet worden. Schnell meint der junge Geistliche zu wissen, wo er »aushelfen« muss. Ungefähr zur gleichen Zeit wie er sind in Riedegg etwa 30 französische Kriegsgefangene angekommen, eine Beute Hitlers. Diese meist sehr jungen Gefangenen werden bei den Bauern in der Umgebung als Erntehelfer eingesetzt.

Als Pater Engelmar einige Tage später um ein Gespräch bittet, denkt Superior P. Heberling nicht mehr an die scharfen Worte, die kürzlich im Speisesaal gefallen sind. Er hat sie längst vergessen und verziehen. Heute geht es um etwas ganz anderes: Der junge Mitbruder möchte von seinem Vorgesetzten die Erlaubnis, seine französischen Sprachkenntnisse weiter vertiefen zu dürfen. »Wenn ich wenigstens jeden Tag wieder ein oder zwei Stunden Französisch lernen dürfte, bin ich in spätestens 14 Tagen so weit, dass ich sonntags in der heiligen Messe eine kurze Ansprache halten kann.« Der Obere willigt ein. Zwar ist es verboten, für die Kriegsgefangenen eine Messe zu feiern oder sie am Gottesdienst teilnehmen zu lassen, aber an diese Verordnung könne er sich nicht halten, meint der Mariannhiller. Er hat seinen jungen Mitbruder als »idealgesinnten, seeleneifrigen Priester«, wie er ihn später charakterisieren wird, kennen und schätzen gelernt. Also gibt er als Vorgesetzter gerne seine Zustimmung.

Die französischen Gefangenen sind von dem jungen Pater begeistert. »Il est tellement géntil, er ist richtig nett'«, lautet das einhellige Urteil. Dazu kommt, dass er hilft, wo immer er kann. Natürlich betreut er nicht nur die Franzosen, sondern hilft auch, gemäß seinen Weisungen, gerne in den Pfarreien des Mühlviertels aus.

Eines Abends ist die Stimmung im Schlafsaal der Gefangenen seltsam gedrückt. Es kommt kein richtiges Gespräch auf. Eine für die jungen Männer schlechte Neuigkeit hat bereits die Runde gemacht: Père Engelmar kommt weg, wird versetzt. »Nous restons seuls, wir bleiben allein zurück«, sagt einer der Jüngeren wehmütig.

Leider stimmt das Gerücht. Der Bischof von Linz hat die Mariannhiller Patres in Riedegg gebeten, ihm einige Priester zur Verfügung zu stellen, die in der Tschechoslowakei als Seelsorger tätig werden könnten. Nach dem Einmarsch der deutschen Truppen war eine Teilregion des Böhmerwalds von der österreichischen Diözese übernommen worden. Deutsch-Beneschau ist für Pater Ansbert Bieberle vorgesehen. Wer die Pfarrei Glöckelberg im Böhmerwald, die nach vorliegenden Berichten recht schwierig zu sein scheint, übernehmen soll, ist für den Provinzial noch nicht ganz klar. Zwei Seelsorger – der letzte kam sogar aus Belgrad – haben sich ganz schnell wieder versetzen lassen. Der Obere denkt an Pater Eckehard Sachs oder an Pater Engelmar Unzeitig. Beiden traut er zu, einer solchen Herausforderung gerecht zu werden. »Ich möchte Sie nicht im heiligen Gehorsam verpflichten, sondern Sie einfach fragen, wer von Ihnen dorthin gehen möchte?«, eröffnet er das Gespräch mit den beiden Kandidaten. Nach einem kurzen Blick auf seinen Mitbruder Eckehard, der betreten schweigt, – so schwierig soll die Gemeinde sein? – kommt Engelmars Antwort: »Wenn Gott mir hilft, und Sie mir als mein Superior dies zutrauen, will ich gerne nach Glöckelberg gehen.«

Wieder einmal hat er freiwillig Verantwortung übernommen, sich eine Last auferlegt. Diese Verhaltensweisen, hat er als Sohn eines abwesenden Vaters erworben, den er in seinem Unbewussten meint gerecht werden zu müssen, erworben hat. Die Ernennung durch den Bischof erfolgt sofort: Mit Schreiben vom 18. September 1940 wird Pater Engelmar Unzeitig angewiesen, »ab 1. Oktober die Pfarre Glöckelberg als Pfarrprovisor zu übernehmen. Gleichzeitig werden Sie mit der Erteilung des Konfessionsunterrichtes an der dortigen Volksschule betraut.«

Marie kommt

Nachbar Franz Leicher, der Vormund aus alten Tagen, sitzt bei Mutter Unzeitig und Tochter Marie – Else und Emilie sind inzwischen glücklich verheiratet – am großen Tisch in der Küche. »Nein, das gefällt mir gar nicht«, grummelt er, nimmt einen Schluck vom frisch aufgebrühten Kaffeeersatz und weist mit seinem gichtigen Finger richtig anklagend auf den Brief, der offen auf dem Tisch liegt. Hubert hat geschrieben und berichtet, dass er Pfarrprovisor in Glöckelberg wird und ob nicht Marie vielleicht einspringen und ihm den Haushalt führen könne? Die will nur zu gern! Die Landwirtschaft ist zum größten Teil verpachtet, die Mutter kann eine Weile gut allein zurechtkommen. Außerdem würden die beiden Schwestern im nahen Pohler die Mutter auch gerne aufnehmen. Marie fühlt sich frei und möchte sich gerne um den Bruder kümmern. »Du arme Frau«, murmelt der Nachbar richtig weinerlich. Mutter Unzeitig lächelt. Sie hat dem Herrgott schon ganz andere Opfer gebracht. Warum sollte sie ihre Tochter nicht ziehen lassen?

Marie ist entsetzt, als sie nach Glöckelberg kommt. Das Dorf in der Nähe von Oberplan auf 800 Metern Höhe und seit jeher deutschsprachig, liegt ja geradezu am Ende der Welt, stellt sie enttäuscht fest. Die Dörfler sind ganz anders als daheim und nicht nur bitter arm, sondern den Fremden gegenüber auch sehr verschlossen. Natürlich sind sie über Adolf Hitler, der ihnen eine bessere Zukunft versprochen hat, richtig glücklich!

Auch das Pfarrhaus sieht nicht danach aus, als ob es für die beiden Geschwister zu einem gemütlichen Zuhause werden könnte. Dass die Bevölkerung – das Dorf hat 1200 Einwohner – dem neuen Pfarrer gegenüber zurückhaltend, ja sogar misstrauisch gegenüber steht, kann Marie verstehen. Sie weiß inzwischen, dass die Gemeinde im letzten Jahr bereits zwei Pfarrprovisoren hatte, die sehr schnell wieder verschwunden sind. Aber etwas geht Marie wirklich über die Hutschnur. »Stell Dir vor, wir haben überhaupt keine Möbel! Es sind zwar welche da, aber die dürfen wir nicht benutzen, sie sind in einem verschlossenen Zimmer«, entrüstet sie sich gegenüber ihrem Bruder. Engelmar versucht so gut er kann, die aufgebrachte junge Hausfrau zu beruhigen.

Der Winter 1940/41 ist hart im Böhmerwald. Brennholz gibt es kaum. Wenn Engelmar seine Predigten entwirft – er predigt jeden Sonntag und bereitet seine Ansprachen sorgfältig vor –, sitzt er in Mantel und mit einem dicken Schal am Schreibtisch. Marie darf ihn dabei nicht stören – und vor allem nicht jammern!

»Das brauche ich doch gar nicht so dringend«, bemerkt er freundlich, wenn Marie wieder einmal klagt, dass sie ihm so wenig bieten kann. Wegen des fehlenden Brennstoffs kann sie ihm noch nicht einmal einen heißen Kaffee oder einen gebratenen Apfel anbieten, wenn er von einem Krankenbesuch vollkommen erschöpft ins Pfarrhaus zurückkommt. Denn durch den hohen Schnee zu stapfen, ist ziemlich anstrengend…

Schwierigkeiten in Glöckelberg

Nicht nur die Verschlossenheit der Pfarrkinder, auch die Verhältnisse in der Schule belasten den jungen Priester zunächst sehr. Anfangs kann er keinen Religionsunterricht in der Schule halten, obwohl ihn der Bischof damit beauftragt hat. Der Dechant, den Engelmar um Vermittlung gebeten hatte, schreibt deswegen nach Linz. Dort wird der Brief mit der Bemerkung zu den Akten gelegt: »Nach bisherigen Erfahrungen hat es keinen Zweck, die Bewilligung zum Konfessionsunterricht von hier aus für den Pfarrprovisor in Glöckelberg zu betreiben. Es bleibt nur die gelegentliche Vorsprache des Herrn Pfarrprovisors beim Bezirksschulrat übrig. Die Bewilligung wird erst erteilt werden, wenn die Erhebungen über ihn an seinen früheren Wirkungsorten abgeschlossen sind. Da dies Monate dauern kann, möge auf andere Weise vorgesorgt werden. Vielleicht kann ein Priester aus den benachbarten Pfarreien wenigstens je eine Stunde in jeder Klasse alle acht oder doch vierzehn Tage übernehmen.«

Eines Tages kommt Pater Engelmar glücklich und gelöst nach Hause. »Stell Dir vor, jetzt kann ich doch endlich Religionsunterricht geben«, berichtet er seiner Schwester strahlend. Ob er selber beim Schulrat gewesen ist? Seine Schwester fragt ihn zwar nicht, freut sich aber mit ihm.

Inzwischen ist es Frühjahr geworden. Nach wie vor hat es Pater Engelmar nicht leicht: Alle Schulkinder machen begeistert in der Hitlerjugend mit. Entsprechend »geschult«, haben sie nur wenig Lust, im Religionsunterricht mitzuarbeiten. Auch in der Gemeinde gibt es hin und wieder Ärger. Einen Messdiener – inzwischen stolzer HJ-Führer –, hat der Pfarrprovisor kurzerhand rausgeschmissen, weil er während der Messfeier nur noch Unsinn machte. Und das heißt schon etwas, wenn dem jungen Pater der Geduldsfaden reißt...

Die Gestapo ist da

Wo immer meine Lebens-Straße geht,
Du bist bei mir, Gott.
EDITH STEIN

Marie hat sich inzwischen eingelebt. In einer älteren Dame, die ganz in der Nähe des Pfarrhauses wohnt, hat sie eine gute Freundin gefunden. Am Sonntag, den 21. April 1941, ist sie am Nachmittag bei Frau Svoboda zum Kaffee eingeladen. Die beiden Frauen haben es sich gemütlich gemacht, das ausnahmsweise einmal »echt« duftende Gebräu steht schon auf dem Tisch. Auch der Marmorkuchen mit seiner dicken Zuckerschicht sieht recht appetitlich aus. Da blickt Marie wie zufällig aus dem Fenster zum Pfarrhaus hinüber. »Da parkt doch ein fremdes Auto«, denkt sie erschrocken, sagt aber nichts. Und beruhigt sich damit, dass diese Tatsache allein ja noch nichts Schlimmes bedeuten muss.

Da wird auch schon die Haustür aufgerissen, dann steht ihr Bruder im Zimmer. Er ist sehr aufgeregt und auffallend blass. »Komm schnell rüber«, bittet er seine Schwester. »Die Gestapo ist da.« Marie beginnt zu zittern. Sie ahnt, was das bedeutet. Als sie ins Pfarrhaus kommt, sind zwei Männer bereits dabei, das Büro auf den Kopf zu stellen. Sie wühlen in den Predigtunterlagen herum, legen ein paar Blätter an die Seite, reißen weitere Schubladen auf. Ob sie in den Unterlagen auch die verräterische Bemerkung finden: »Es gibt noch ein höheres Wesen als die, die an der Macht sind?« Marie kann nicht ahnen, dass alte Glöckelberger diesen Satz noch nach mehr als 60 Jahren zitieren werden.

Mit dieser Aussage, die der junge Pfarrer in eine Predigt einfließen ließ, zitierte er nur den Papst, der in seinem Schreiben betont hatte, dass es nur einen Herrscher gebe, nämlich »Christus den König« .

Die junge Frau wankt in die Küche, um für sich zu sein. Als ihr Bruder zu ihr kommt, kann sie kaum ihre Tränen zurückhalten. »Ich muss mitgehen. Sie haben mir gesagt, ich solle meinen Koffer holen und mitkommen.« Pater Engelmar wirkt jetzt ganz ruhig. »Aber du hast doch noch gar nichts zu essen gehabt«, jammert Marie los. Doch dann geht ihr auf, wie unangebracht ihre Bemerkung ist. Sie wird still.

Die Nacht scheint kein Ende zu nehmen. Unruhig wälzt sich Marie in ihrem Bett hin und her. Draußen tobt ein letzter Frühlingssturm. Es ist noch recht früh, als sich Marie zu ihrer Freundin flüchtet. Die resolute Frau malt ein großes Schild, auf dem lapidar steht: »Ein Pfarrer ist zur Zeit nicht erreichbar« und heftet es an die Kirchentür. Dazu folgt der Hinweis, dass ab sofort keine Messen mehr gefeiert werden können und der Religionsunterricht ausfällt. Auch die für den kommenden Sonntag vorgesehene Trauung von Josef Pichler und Marie Rebka wird wohl nicht stattfinden.

Am Mittwochabend läuten plötzlich die Glocken. Die Dörfler scheinen diesen vertrauten Ruf wieder zu verstehen. Schon bald füllen viele der sonst gar nicht frommen Glöckelberger die Kirche. Frau Svoboda und Marie beten abwechselnd die Geheimnisse des Schmerzhaften Rosenkranzes vor. Nach der Bitte um den Schutz Gottes erschallt dann aus vollen Kehlen: »Strenger Richter aller Sünder, dass Du uns so schrecklich strafst. Doch als Vater Deiner Kinder unser einziger Schutz und Trost…« Einige Frauen beginnen zu schluchzen. Man denkt nicht nur an den Pfarrprovisor: Söhne und Väter sind im Feld….

Heute bleibt nach dem Rosenkranz niemand zu einem Schwätzchen vor der Kirchentür stehen. Schweigend und bedrückt macht sich jeder auf den Heimweg.

Pfarrer von Glöckelberg abgeführt

Marie hat in der Freundin wirklich eine große Hilfe. Frau Svoboda zieht kurzerhand zu ihr ins Pfarrhaus, hilft ihr, die Pfarrbücher in Ordnung zu bringen, und fordert sie auf, nach Riedegg zu schreiben und über den Vorfall zu berichten. Marie fällt es besonders schwer, ihrer Schwester Regina-Adelhilde mitzuteilen, was geschehen ist.

Inzwischen geht in Glöckelberg das große Rätselraten darüber weiter, wer den Pfarrprovisor angezeigt haben könnte. Hat P. Engelmar nicht in einer Predigt von der Herrschaft Christi gesprochen, dem alles Irdische unterstellt sei, und in diesem Zusammenhang gesagt, wenn Hitler mehr als Gott verehrt werde, sei dies ein Unrecht? In jener besagten Predigt sei ein SA-Mann gewesen, flüstern die Dörfler. Und in wieweit hat der Bürgermeister des Nachbarortes seine Hände im Spiel? Niemand weiß etwas Genaues, gemunkelt wird viel in diesen Tagen. Jeder verdächtigt fast jeden.

Marie selbst ist davon überzeugt, dass der Vater des entlassenen Messdieners ihren Bruder aus Rache angezeigt hat. Übrigens wird später in den Papieren über Hubert Unzeitig von »heimtückischen Äußerungen« bei Predigten und im Unterricht die Rede sein, sowie – noch schlimmer –, von der »Verteidigung der Juden.«

»Pfarrer von Glöckelberg abgeführt, bitten um Seelsorger«, heißt es lakonisch in einem Telegramm an das Bischöfliche Ordinariat in Linz. Daraufhin wird P. Ansbert angewiesen, »bis zur Rückkehr des hochwürdigen P. Unzeitig nach Glöckelberg zu gehen und dort einstweilen dessen Stellvertreter zu sein.« Diesem Auftrag wird P. Ansbert den ganzen Krieg über treu sein bis hin zur Vertreibung der Deutschen und der Zerstörung des Dorfes im Herbst 1946.

Erstes Lebenszeichen aus dem Gefängnis

Inzwischen ist man in Riedegg nicht untätig. P. Otto Heberling hat mittlerweile erfahren, dass P. Engelmar nach Linz ins Gefängnis zur Untersuchungshaft gebracht worden ist. »Das kann alles doch nur ein riesiger Irrtum sein! Ausgerechnet er, der immer so dankbar für die Befreiung der Sudentendeutschen durch Hitler war«, vertraut er einem Mitbruder an. Dass es sich durchaus nicht um ein Versehen handelt, erfahren die Patres spätestens am 26. April. P. Otto hatte nämlich Bruder Magnus beauftragt zu versuchen, mit P. Engelmar Kontakt aufzunehmen. Magnus steht kurz vor seiner Einberufung zum Militärdienst und ist daher am ehesten für dieses Unternehmen geeignet, denn jeder Deutsche soll einem Vaterlandsverteidiger den ihm zustehenden Respekt erweisen. Enttäuscht kehrt der junge Mann nach Riedegg zurück. Er hat noch nicht einmal Sprecherlaubnis bekommen! Das Päckchen mit Lebensmitteln, das in Riedegg mit viel Sorgfalt zusammengestellt worden war, wollten die Wärter dem Gefangenen jedoch aushändigen. Ob sie es wohl getan haben?

Marie erhält im Glöckelberger Pfarrhaus einen ersten Brief, geschrieben am 23. April 1941: »Liebe Schwester, brauchst Dir keine allzu großen Sorgen zu machen um mich, da ich kein Verbrechen begangen habe. Es kann sich ja nur um eine Missdeutung handeln... Nach Glöckelberg darf ich voraussichtlich vorerst nicht mehr.« Dann bittet er Marie, die Sachen zusammenzusuchen und ja nichts zu vergessen. Besonders die Schreibmaschine und den Kelch soll sie gut verpacken. »Als ob ich das nicht wüsste«, denkt Marie. Wenn sie nicht solche Sorgen um ihren Bruder hätte, würde sie sich jetzt ärgern. Ein Kleinigkeitskrämer, bei dem alles hundertprozentig genau sein muss, ist der Hubert ja schon immer gewesen!

In Gedanken an ihn seufzt sie tief auf. Der Bruder schreibt weiter, sie, Marie, solle noch eine Woche bleiben und dafür sorgen, dass seine Schuhe und ihr Mantel fertig werden, die noch beim Schuster bzw. Schneider sind. Am wichtigsten für ihn: »Die von mir angenommenen und auf dem Direktorium in der Kanzlei eingetragenen (nicht gelesenen) Messen übergib meinem Nachfolger und zahle ihm das Geld dafür aus. Sende Dir im ganzen 60 Mark«. P. Engelmar sorgt sich, dass die Messintentionen auch ja eingehalten werden, so wie es die kirchlichen Vorschriften vorsehen.

Schließlich meint er: »Könntest auch ein geeignetes Päckchen Essbares zusammenpacken und herschicken, da man hier so etwas schon brauchen kann.« Dann folgen genaue Anweisungen, was sie zu Hause sagen soll: »Wenn du dann heimfährst, sage, ich habe meinen Posten als Pfarrprovisor aufgegeben, da ich mich ja sowieso weg melden wollte, weil die Kinder ungezogen sind.«

In einem Brief vom 7. Mai macht er sich und ihr wieder ein wenig Mut: »Brauchst Dich meinetwegen nicht abgrämen. Übertrage halt die liebende Fürsorge, die Du mir erwiesen hast, einstweilen auf unseren Landsmann, der doch genau so wie ich im Sudetenland und auch sonst immer ein Vorkämpfer für das Deutschtum gegenüber den tschechischen Bedrückern gewesen ist.« Dieser Satz ist nicht nur für die Zensur gedacht, sondern entspricht auch seiner inneren Überzeugung, wenn er sie in einem

Brief vom 21. Mai wiederholt: »Ich hoffe ja doch, dass man wegen der einen Äußerung nicht schwere Strafen festsetzen wird, da ich mich doch immer als echter Deutscher gezeigt und mich in Politik nicht eingemischt habe.« Darum hofft P. Engelmar auf ein »baldiges und frohes Wiedersehen.« Doch seine Wünsche und Erwartungen erfüllen sich nicht. Gott hat andere Pläne mit ihm.

Dachau – ein Synonym für das KZ

Hier in Dachau sind sich Himmel und Hölle begegnet.
Doch Christus, die Liebe, die Gerechtigkeit,
die Barmherzigkeit haben gesiegt.
EINTRAG VON P. MAURUS MÜNCH OSB
IN DAS GÄSTEBUCH DES DACHAUER STADTPFARRERS PFANZEL

Dachau liegt etwa 30 Kilometer nordwestlich von München. Zu Beginn des 20. Jahrhundert spielte der Ort eine besondere Rolle als Stadt der schönen Künste. Neben Schriftstellern, wie etwa der später in Bayern so berühmt gewordene Ludwig Thoma, ließen sich hier vor allem Maler nieder, sodass der Ort zum süddeutschen Gegenstück der Künstlerkolonie Worpswede wurde.

Weltbekannt wurde der Ort jedoch in den 30er und 40er Jahren des vergangenen Jahrhunderts als Synonym für »KZ«, Konzentrationslager. Die KZs sind übrigens keine deutsche Erfindung; die Briten erfanden die ersten Lager dieser Art (Concentration Camps) um 1900 in Südafrika.

Das KZ Dachau geht auf den 22. März 1933 zurück. An diesem Tag errichtete die SS in einer Munitionsfabrik aus dem Ersten Weltkrieg ein »Schutzhaftlager«, in dem sich die Spezialeinheiten des Führers auf die kommenden großen Aufgaben vorbereiten sollten. Hier hatte die Schutzstaffel ihr Stammhaus und Stammlager mit Kasernen, Werkstätten, Magazinen sowie Lazarett, zentraler Besoldungsstelle, Exerzier- und Sportplätzen. Hier erhielten alle Kommandeure der übrigen Konzentrationslager ihre Grundausbildung. SS-Oberführer Theodor Eicke, der Ende Juni 1933 nach SS-Hauptsturmführer Hilmar Wäckerle zum zweiten Kommandanten des Konzentrationslagers ernannt worden war, hat sich als dessen eigentlicher Organisator hervorgetan. Seine »große Leistung« bestand darin, aus der SS, der Elite der NSDAP, im Sommer 1934 die ersten berühmten SS-Totenkopfverbände zu formieren, die als »harter Kern« der SS für »Spezialaufgaben« herangezogen wurden, die auszuführen sich Mitglieder der »normalen« SS eventuell geweigert hätten.

Offiziell war es den SS-Mitgliedern verboten, die Gefangenen zu misshandeln. Jeder SS-Mann in Dachau musste unterschreiben: »Über Leben und Tod eines Staatsfeindes entscheidet der Führer. Kein Nationalsozialist ist daher berechtigt, Hand an einen Staatsfeind zu legen. Bestraft wird jeder Häftling durch den Kommandanten.«

Nach dem Ausbruch des Zweiten Weltkriegs, als Wäckerle Chef der SS-Totenkopfverbände und Inspekteur aller Konzentrationslager war, gehörte es zu seinen Aufgaben, die erste Division der Waffen-SS zum Einsatz auf den Krieg vorzubereiten. Aus diesem Grunde waren sogar die »Schutzgefangenen« vorübergehend in andere Konzentrationslager, nämlich nach Mauthausen bei Linz/Österreich, nach Flossenbürg/Oberpfalz und Buchenwald bei Weimar ausgelagert worden.

Heinrich Himmler, der »Reichsführer SS und Chef der deutschen Polizei«, der als erster kommissarischer Polizeipräsident von München am 20. März 1933 den Befehl zum Bau des Konzentrationslagers gegeben hatte, ließ darüber hinaus in einem Nebenlager von Dachau eine Porzellanmanufaktur errichten, die für die SS arbeitete und als ein persönliches Präsent Himmlers an seinen Führer gedacht war. Gleichzeitig hielt er noch ein weiteres Geschenk für Adolf Hitler parat, nämlich die so genannte »Plantage.« Dieses Zeichen der Ergebenheit war ein Gebiet von etwa 240 Morgen, mitten im berüchtigten Dachauer Moor, das von den Häftlingen unter den primitivsten Bedingungen urbar gemacht werden musste. Auf diesem Areal wurden heimische Gewürzkräuter gezüchtet, um auch im kulinarischen Bereich Deutschland von der übrigen Welt möglichst unabhängig zu machen.

An der Westseite des eigentlichen Konzentrationslagers, etwa 300 Meter breit und 600 Meter lang, hatte sich die SS eingerichtet. Das gar nicht einmal schlecht: An den breiten, asphaltierten Straßen lagen rund 250 Gebäude, Lazarette, Kleidermagazine, die »SS-Junkerschule«, das Stabsgebäude Himmlers, Fabriken und die Wohnungen der SS Leute, ferner Verwaltungsgebäude wie beispielsweise die Post. Dazu kamen Theater, Kino, Sportplätze sowie ein Schwimmbad – eben alles, was Hitlers Schergen für sich und ihre Angehörigen an Annehmlichkeiten in Anspruch nahmen.

Eine breite Straße führte zum Lager, an dessen Ende das Verwaltungsgebäude, genannt »Jourhaus« lag. Von hier aus ging es durch ein großes eisernes Tor in das eigentliche KZ, gesichert mit hohen Mauern, elektrisch geladenem Drahtverhau und sieben Wachtürmen, von denen aus jeder Winkel des Lagers eingesehen werden konnte. Zur weiteren Sicherung gab es neben den mächtigen Scheinwerfern, die bei schlechter Sicht oder Dunkelheit das Lager grell erleuchteten, die unablässig patrouillierenden Streifen mit ihren bösartigen Hunden, den Wassergraben sowie den so genannten Todesstreifen, auf dem meistens ohne Anruf geschossen wurde. In all den Jahren ist es niemandem gelungen, aus diesem so gesicherten Bereich zu entkommen.

Das eigentliche Konzentrationslager

Innerhalb dieses so hermetisch abgeschlossenen Rechtecks des KZs befanden sich an der Südseite die so genannten »Wirtschaftsgebäude« wie Küche, Wäscherei, Baderäume, Bekleidungskammer, Schlosserei, Schusterei, Strumpfstopferei – aber auch der so genannte »Bunker«, der zur Disziplinierung allzu kritischer SS Männer und unbotmäßiger Gefangener diente. Die eigentlichen Unterkünfte der Häftlinge, 17 Baracken, »Blocks« genannt, befanden sich rechts und links der Lagerstraße. In den ersten Baracken links waren die Büros für den Arbeitseinsatz und die Lagerschreibstube untergebracht, außerdem die Bibliothek sowie die Kantine. An diese Baracken schloss sich das »Krankenrevier« an, für das je nach der Zahl der Kranken entweder fünf oder sechs Baracken zur Verfügung standen. Für die Priester waren die beiden vorletzten Blocks 26 und 28 bestimmt. Auf dem Gelände nördlich von diesen Baracken befand sich die »Gärtnerei«, das Verwaltungsgebäude der so genannten »Plantage« .

Jeder Block war etwa 100 Meter lang und 19 Meter breit und umfasste vier Wohn- und Schlafstuben. Die Wohnbaracke des Blocks 26, in der die Kapelle untergebracht war, hatte sechs Stuben sowie zwei Waschräume und je zwei Toilettenanlagen. Am 9. September 1941 wurden die Priester aufgeteilt: Die deutschen Geistlichen behielten die Baracke 26, die polnischen Priester mussten in die dahinter liegenden Blocks 28 und 30 umsiedeln.

Das größte Kloster der Welt

Gegenüber anderen Konzentrationslagern unterschied sich Dachau – das schon bald als Wort ausreichte, um die Schreckensherrschaft der Nazis zu bezeichnen – vor allem dadurch, dass hier alle von der Gestapo verhafteten katholischen Priester und protestantischen Geistlichen untergebracht wurden. Das schloss jedoch nicht aus, dass in Einzelfällen Priester auch in andere Lager geschickt wurden.

Ab Ende 1940 wurde Dachau systematisch zum KZ für die Geistlichen umfunktioniert. Zunächst wurden die in Buchenwald inhaftierten Kleriker »umgelagert« und trafen am 7. Dezember 1940 in Dachau ein. Am 15. Dezember 1940 folgten jene aus dem Konzentrationslager Sachsenhausen.

Wenn ein neuer Konvoi mit Häftlingen ankam, unter denen sich auch Juden befanden, wurden diese sofort in ein anderes Lager weitergeschickt. Ferner gab es 1944/45 im Waldlager in der Nähe von Landsberg/Lech sowie in einem weiteren Camp in Mühldorf an der Grenze zu Österreich 25 000 meist ungarische Juden, die in unterirdischen Fabriken an Abfangjägern arbeiteten, deren Prototypen nach dem Kriege gefunden wurden. Überlebt haben die wenigsten, die Gedenksäule für die Opfer trägt keine Namen. Es waren zu viele...

Im Frühjahr 1941 befanden sich in Dachau mehr als 1700 polnische Geistliche, die in den beiden Baracken 28 und 30 zusammengepfercht waren. Die deutschen Priester teilten sich mit den übrigen deutschsprachigen Mitbrüdern aus Österreich, Luxemburg und Elsass-Lothringen die Baracke 26. Der ranghöchste katholische Geistliche war zu dieser Zeit der polnische Weihbischof Michael Kozal, der am 25. April 1941 nach Dachau gebracht worden war, nachdem die Deutschen ihn direkt nach der Annektierung Polens inhaftiert hatten. Zu den »Prominenten« zählte auch Prälat Johannes Neuhäusler, nach dem Kriege Weihbischof von München, sowie Pastor Martin Niemöller. Beide wurden in Einzelzellen in der Nähe des Bunkers in »Ehrenhaft« gehalten.

Bis zum 15. März 1945 hatten 1493 katholische Priester aus 144 Bistümern und aus 25 Nationen überlebt: 791 Polen, 261 Deutsche, 122 Franzosen, 73 Tschechoslowaken, 64 Österreicher, 38 Niederländer, 34 Belgier, 29 Italiener, 19 Jugoslawen, 19 Volksdeutsche (meistens aus Ost- und Südosteuropa), 8 Luxemburger, 4 Ungarn, 2 Schweizer, je ein Amerikaner, Engländer und Russe und 30 Priester weiterer Nationen. Nach ihrem kirchlichen Rang waren diese Häftlinge: 1 Erzbischof, 1 Bischof, 2 Archimandrite, 2 Äbte, 2 Generalvikare, 4 Prälaten, 11 Domherren, 11 Universitätsprofessoren, 3 Ordensprovinziale, 482 Pfarrer, 342 Kapläne, 176 Religionslehrer, 30 Militärpfarrer, 328 Ordensleute und 98 Priester ohne Angaben.

Zurück zum Lager: Bevölkerung und Häftlingen war es aufs Allerstrengste verboten, miteinander in Verbindung zu treten. Die Strafen für die Nichteinhaltung dieses Verbotes waren grausam. Sie bedeuteten für den Häftling Stehbunker, Dunkelarrest, von 25 bis zu 75 Stockschlägen, mehrstündiges Hängen am Baum, Abtransport in ein noch »schlimmeres« Lager oder direkt in den Tod. Die Zivilbevölkerung musste mit Gefängnis oder auch mit der Einlieferung ins KZ rechnen. Es gab also kaum Kontakte nach draußen. Für ein halbes Pfund Zucker, das eine mitleidige Frau einmal einem Häftling zusteckte, musste dieser drei Stunden am »Baum« hängen.

Und trotzdem: Die einheimische Bevölkerung tat, was sie konnte. Die Leute nahmen Verwandte der Häftlinge bereitwillig auf, die wenigstens in die Nähe des Lagers kommen wollten, und manche besorgten sogar »schwarze«, also verbotene, aus dem Lager geschmuggelte Post. Falls tatsächlich einmal ein Häftling entlassen wurde, boten sie diesem selbstverständlich eine Unterkunft oder wenigstens ein Stück Brot an.

Gottes Wohnung in der Hölle

Im Januar 1941 wird in der Stube 1 der Baracke 26 eine Notkapelle eingerichtet. Der polnische Lagerkaplan Paul Prabutzki darf hier am 22. Januar zum ersten Mal die heilige Messe lesen. Die Einrichtung dieses Gebetsraums geht auf ein Abkommen zwischen Berlin und dem Vatikan zurück – einer der vielen Ungereimtheiten des Regimes – und ist ein Ergebnis der Verhandlungen, die der Heilige Stuhl im Sommer 1940 mit der Reichsregierung führte. Außer dem Apostolischen Nuntius war auch Bischof Heinrich Wienken daran maßgeblich beteiligt.

Jedenfalls wurde der Raum so würdevoll wie möglich eingerichtet: Aus Heringsbüchsen, aus denen kleine Teile herausgeschnitten worden waren, hatten die Priester den Tabernakel gestaltet. Der ganze Stolz eines österreichischen Kommunisten bestand darin, unter den Augen der SS aus alten Konservendosen eine Monstranz angefertigt zu haben. Schließlich gelangte auf verschlungenen Wegen eine Madonnen-Statue ins Lager, die später als »Unsere Liebe Frau von Dachau« weltberühmt werden sollte.

Wie es überhaupt möglich wurde, dass in Dachau offiziell eine Kapelle errichtet werden konnte, wussten die Häftlinge nicht. Sie waren auf ihre Vermutungen angewiesen. Gab es tatsächlich ein geheimes Abkommen zwischen dem Vatikan und dem Naziregime? Oder beruhte diese Vergünstigung ganz einfach auf der falschen Vorstellung, dass man, wenn man auf die Tötung unwerten Lebens verzichte und im Übrigen ein bisschen »nett« sei, die Katholiken schon stillhalten und das Hitler-Regime im Endkampf gegen den Bolschewismus unterstützen würden?

Unklar war ferner, ob sich diese ominöse Vereinbarung nur auf die deutschen oder auf alle in Dachau inhaftierten Priester bezog. Auf jeden Fall war die Zahl der Eucharistiefeiern streng limitiert. Ein einziges Messopfer pro Tag musste genügen und natürlich war »Laien« der Zugang zum Kapellenblock streng untersagt. Aber da gab es auch beispielsweise den jungen SS-Mann Schmidt, der, wann immer er es gefahrlos tun konnte, nicht nur mehr oder minder deutlich seine Sympathien für die Priesterhäftlinge zeigte, sondern auch einmal ein Auge zudrückte, wenn in einem günstigen Augenblick ein Laie in die Kapelle schlüpfte. Der Andachtsraum war nämlich allein schon aus dem einen Grunde so beliebt, weil er eine der wenigen Möglichkeiten bot, wenigstens für ein paar Minuten allein und für sich zu sein.

Den polnischen Priestern auf Block 28 war es streng untersagt, an den Gottesdiensten ihrer deutschen Mitbrüder teilzunehmen. Im Gegensatz zu den polnischen hatten die deutschen Geistlichen jedoch zeitweise noch ein weiteres Privileg: Sie wurden für kurze Zeit nicht zur körperlichen Arbeit in den Arbeitskommandos herangezogen. Dieses Sonderrecht war im Januar 41 wieder aufgehoben worden. Es dauerte jedoch noch bis Anfang Mai, bis alle Priester in die Arbeitskommandos eingereiht waren.

P. Engelmar trifft in Dachau ein

Das Leben ist ein Prozess,
der uns verwandelt.
Jeder von uns wird zu dem,
woran er glaubt
und was er lebt.
Divio Barsotti

Der 3. Juni 1941. Engelmar zuckt zusammen, als er eine Stimme schreien hört: »Bereit machen zum Aussteigen.« Er ist doch tatsächlich auf dieser langen, unheimlichen Zugfahrt vom Gefängnis in Linz bis hierher eingenickt. Seine Bewacher – »Sie können froh sein, dass wir Sie nicht gefesselt haben!« – schnauzen weiter: »Los, raus!« Taumelnd steht er auf dem Bahnhof, der auch im warmen Sommerregen unwirtlich aussieht, obwohl das Schild auf dem Bahnsteig feuchtweiß glänzt: Dachau. »Herr, Dein Wille geschehe«, flüstert Engelmar vor sich hin. Er fühlt, wie es ihm kalt wird. Es ist nicht der jetzt heftig werdende Regenguss, der nun seine Kleider durchnässt. Er hat Angst, große Angst. Durch das Warten – inzwischen ist er an einen anderen, ihm total unbekannten Mann angefesselt – wird die Angst noch dunkler und bedrohlicher, beginnt ihn zu verschlingen. Nur mühsam kann er noch beten: »Maria, breit den Mantel aus, mach Schutz und Schirm für uns daraus.« Endlich geht es weiter, dieses Mal zu Fuß. Es wird marschiert. Zum ersten Mal. Viele, viele sinnlose Märsche werden diesem folgen.

Als P. Engelmar in seiner kleinen Gruppe, die von SS-Leuten bewacht wird, im Lagerkomplex ankommt, wird er bereits entsprechend empfangen: »Selbst wenn der Krieg verloren gehen sollte, haben wir noch so viel Zeit, euch in den Stacheldraht zu jagen!«, brüllt Lagerkommandant Hoffmann dem »Neuen« entgegen. P. Engelmar zuckt zusammen. Er hat keine Ahnung, was auf ihn zukommt. Ein stilles Stoßgebet: »Herr, steh mir bei.«

Die nächste Prozedur, ein Passfoto für das »Verbrecheralbum«, übersteht er unbeschadet. Was er nicht weiß: Steht der Fotografierte nicht schnell genug von dem Stuhl auf, auf dem er für das Foto sitzen musste, betätigt der SS Mann einen verborgenen Mechanismus: dann sticht eine Nadel den Häftling ins Gesäß. Nur eine kleine Perversität, die vermutlich den richtigen Vorgeschmack auf das Lagerleben geben soll.

Nachdem Hubert Unzeitig, so jetzt sein offizieller Name, nun auch seine Nummer 26 147 bekommen hat, die ihn bis in seinen Tod begleiten wird, denkt er über die zynische Inschrift »Arbeit macht frei« nach, die das eiserne Lagertor krönt. Er ahnt noch nicht, wie makaber dieser Spruch für die Insassen des Lagers sein wird. Nichts als blanker Hohn. Hubert Unzeitig fühlt sich schwindelig. Und wieder droht die Furcht wie eine Woge über ihm zusammen zu schlagen. »Herr, ich habe schreckliche Angst«, murmelt er mehr, als dass er betet. Aber er geht, setzt einen Fuß vor den anderen, klammert sich an den Gedanken, geborgen zu sein in Gottes Hand. Dass das hufeisenförmige Gebäude, das er jetzt aufsuchen muss, der sogenannte »Schubraum« ist, erfährt Unzeitig erst später. »Welche Wertsachen hast du?« fährt ihn jemand, vermutlich ein Kapo, an. Schweigend übergibt Unzeitig seine Uhr – gegen eine Art Quittung. Am schlimmsten ist für ihn der Weg ins »Bad.« Wie alle anderen hat er ihn nackt zurückzulegen. Vorher hat er sich bereits im »Schubraum« entkleiden müssen. Wie alle Häftlinge wurde er am ganzen Körper rasiert – selbst die Schamhaare. Das Kopfhaar wurde bis auf einen halben Zentimeter geschnitten, danach der gesamte Körper mit einer scharfen Desinfektionslösung bestrichen, die im »Bad« unter der Dusche wieder abgewaschen wurde.

»Hier gilt das Leben einen Dreck«

Das Recht des Stärkeren
ist das stärkste Unrecht
Marie von Ebner-Eschenbach

Welches »Glück« er hat, weil ihm der blau-weiß gestreifte Zebra-Anzug sogar einigermaßen passt und auch die Holzpantinen seiner Fußgröße entsprechen, ahnt er noch nicht. Dazu bekommt er noch einen Blechnapf, Besteck, einen Trinkbecher sowie Socken und Unterwäsche. So ausgerüstet, ist P. Engelmar Mitglied einer in sich geschlossenen Welt geworden mit ihrer totalen Gewaltherrschaft auf der Seite der SS und der scheinbaren Selbstverwaltung bei den Häftlingen.

Dem Schutzhaftlagerführer der SS steht auf Seiten der Häftlinge der Lagerälteste gegenüber, dem Blockführer der Blockälteste einer Baracke, dem Kommandoführer der einzelnen Arbeitskommandos der SS der »Kapo.« Dieser ist oft ein Häftling, der aus Verbrecherkreisen kommt und sich durch besonderen Sadismus bei der SS eingeschmeichelt hat. Oder es sind Kommunisten und Sozialisten, die natürlich den Geistlichen gegenüber keine besonderen Sympathien hegen. Einer der Blockältesten war Zuhälter, ein anderer ein ehemaliger SA-Sturmführer; dieser wollte offenbar seine »Vergehen« dadurch wettmachen, dass er einen holländischen Geistlichen mit einem Kistenbrett totschlug.

Schließlich gibt es noch den Stubenältesten. Ab sofort hat der junge Priester vor jedem SS-Mann, den er sieht, stramm zu stehen, die Mütze in die Hand zu nehmen und zu grüßen: »Schutzhäftling 26 147, Unzeitig Hubert, meldet sich gehorsamst zur Stelle!« Oder: »Bittet eintreten zu dürfen.«

Wie das hier im Lager zugeht, macht Hugo Guttmann, geboren im Kanton Appenzell, und, wie er sagt, »Kommunist der ersten Stunde«, Hubert Unzeitig zusammen mit den anderen »Neuzugängen« unmissverständlich klar: »Also, ihr seid in Dachau. Hier ist das Leben ein Dreck und die Strafen sind barbarisch. Wer Brot stiehlt, wird erschlagen. Dachau ist ein Lager der Politischen, derer mit dem roten Winkel! Wegen seiner politischen Gesinnung ins Konzentrationslager zu kommen, ist keine Schande; aber wegen eines gemeinen Verbrechens! Du da hinten, du kannst heute schon dein Testament machen. Du kommst lebend aus diesem Lager nicht heraus.« Dass dieser Guttmann nicht ganz so schrecklich ist, wie er tut, merkt Unzeitig später, als dieser in den Priesterblock kommt, interessierte Fragen über den Glauben stellt und manchmal auch zu helfen versucht.

Inzwischen befiehlt Guttmann den Neuankömmlingen, den roten Winkel anzunähen, der sie als politische Häftlinge im Gegensatz zu dem grünen der Kriminellen und dem schwarzen der Asozialen kennzeichnet. Dass auch das einfache Annähen zur Qual werden kann, merkt Hubert schnell: Er hat zwei 15

Zentimeter lange Tuchstreifen mit seiner in Schwarz aufgedruckten Nummer 26 147 erhalten sowie zwei knallrote Dreiecke von etwa zehn Zentimeter Länge. Die soll er auf die linke Jackenseite und auf die rechte Hosenseite nähen. Aber wie und womit? Bisher hat sich Hubert kaum um Näharbeiten kümmern müssen, dafür hatte er ja seine Schwestern, die ihm gern solche »Frauenarbeiten« abnahmen. Ein Kamerad, den er noch nicht kennt, hat Mitleid mit den Neuling: Er hat Nadel und Faden organisiert und zeigt Hubert, wie sein Stoffdreieck so aufgenäht wird, dass weder die Jacke noch der Winkel verzogen ist. »Die Spitzen müssen genau senkrecht nach unten zeigen und die obere Kante parallel zur darüber aufgenähten Nummer verlaufen.« Schwierig für jemanden, der sich nur selten mit Näharbeiten beschäftigt hat, obwohl P. Engelmar wie alle anderen Mariannhiller als Seminarist wenigstens gelernt hat, wie man Strümpfe stopft.

Ordnung, die zur Schikane wird

Als Hubert Unzeitig am 3. Juni 1941 in Dachau eintrifft, leben in den 34 Baracken des Lagers, die für ursprünglich 5 000 Häftlinge vorgesehen waren, mehr als 12 000 Menschen aus verschiedenen Nationen, wobei sich nicht alle »politischer Vergehen« schuldig gemacht haben. Es genügte durchaus schon, Zeuge Jehovas, Zigeuner, Landstreicher oder Homosexueller zu sein. Gefährdet sind auch ehemalige Häftlinge, die ihre Strafe abgebüßt haben. Oft werden sie direkt bei ihrer Entlassung aus dem Gefängnis oder Zuchthaus von der Gestapo kurzerhand in die Konzentrationslager verschleppt.

In den KZs sterben die meisten Menschen innerhalb der ersten drei Monate: Die schwere körperliche Arbeit, der Mangel an Schlaf, Hunger, die schlechten hygienischen Zustände und nicht zuletzt die fortwährenden Demütigungen fordern sehr bald ihre ersten Opfer. Das alles weiß Hubert nicht, als er jetzt die Baracken mit jeweils vier Wohn- und vier Schlafstuben vor sich sieht.

Hubert Unzeitig muss tief durchatmen, als er in die ihm zugewiesene Stube Nr. 2 kommt und sein Bett – dreistöckig, er darf ganz oben liegen – zugewiesen bekommt. Er wirkt nicht nur schüchtern, er ist es auch. Wie soll er hier mit all den Menschen, wenn sie auch Priester sind wie er, zurechtkommen? Kindlich vertrauend bittet er die Gottesmutter um Hilfe.

Sehr schnell lernt er, dass die Kapos von der übertriebenen »preußischen Ordnung« geradezu besessen sind. Wehe, wenn die vielen Vorschriften nicht bis auf das i-Tüpfelchen befolgt werden. Also: Die Handtücher müssen dreifach gefaltet im Spind liegen. Essgeschirr und Becher dürfen keine Benutzungsspuren aufweisen. Der Preis für einen Tropfen im Wasserbecken: 25 Hiebe auf das Gesäß. Der Fußboden muss täglich mehrmals nicht nur gefegt, sondern auch gebohnert werden. Natürlich darf er niemals mit Holzschuhen oder Pantinen betreten werden, sondern nur barfuß, mit Strümpfen oder

Hausschuhen – falls jemand diese besitzt. Eine Schikane ganz besonderer Art ist das »Bettenbauen.« Ein hilfreicher Nachbar weist Hubert ein: »Der Strohsack muss kantig und glatt gestrichen in den Holzrahmen der drei übereinander stehenden Bettgestelle passen. Das Betttuch muss über den Sack glatt gespannt werden – bloß keine Falte. Aber das Schwerste kommt noch: Hubert lernt, die graue Decke so zusammenzulegen, dass die beiden blauweißen Streifen dicht an den Rändern gerade noch sichtbar sind. Dann zeigt er Hubert, wie man die Decke über das Bett ausbreitet – nämlich genau 20 Zentimeter vom Fußende des Bettes entfernt – und diese dann zum Kopfkeil hin zieht, den sie ebenfalls faltenlos bedecken muss.

Hubert gewöhnt sich bald an die Lagerroutine. Neben der Arbeit in der Plantage gibt es für die Geistlichen genug zu tun: Kartoffel schälen, Strümpfe stopfen, allerlei Tätigkeiten in der Schneiderei und Schuhmacherei, bei der Desinfektion und bei der Ungeziefervertilgung oder im Kaninchenstall und für die Privilegierten unter ihnen in der Schreibstube oder auf der Besoldungsstelle. Dazu immer wieder Extra-Arbeiten: Reinigung der Lagerstraße oder Schnee schippen, Baumaterial transportieren…

Wie alle anderen Priester steht Pater Engelmar morgens gegen 4 Uhr auf. Nach dem Bettenbau wird heimlich auf der Stube die heilige Messe gefeiert. Danach gibt es schnell einen Schluck Kaffee. Viele der Priester haben vor lauter Hunger das für diesen

Morgen bestimmte Brot schon am Abend vorher aufgegessen. Der Mariannhiller hat meistens sein Brot aufbewahrt, hin und wieder schiebt er schweigend ein Stückchen seinem Nachbarn zu. Dann ertönt das Kommando: »Zimmerdienst.« Also alle raus auf die Block- und Lagerstraße! Während der Stubendienst wie jeden Tag den Fußboden bohnern muss, ertönt das Kommando »Antreten.« Geschlossen steht der Block in Zehnerreihen zum Abmarsch bereit. Es ist Punkt 5.30 Uhr, bis alle Männer auf dem Appellplatz zum Zählappell eingetroffen sind. Um Viertel nach Sechs ziehen die Kommandos zur Arbeit aus.

»Ich bin gesund, es geht mir gut«

Es dauert ganze zwei Wochen, bis Engelmar auf dem wackeligen Tisch in der Stube einen ersten Brief an seine Schwester Marie nach Glöckelberg schreiben darf – Briefe sind nur alle 14 Tage erlaubt. Die Vorschriften besagen, wie dieser auszusehen hat: Er muss in Deutsch und mit Tinte geschrieben sein mit nur 15 Zeilen auf einer Seite und auf Briefbogen normaler Größe, wobei die Umschläge ungefüttert sein müssen. Pakete dürfen nicht geschickt werden, wohl aber 40 Mark im Monat. Jeder Häftling, sofern er nicht aus irgendeinem Grunde Schreibverbot hat, darf zweimal im Monat Briefe erhalten und an seine Angehörigen schreiben. Jeder Brief muss am Anfang die Redewendung enthalten, dass es dem Absender gut geht. Strengstens verboten ist es, irgendetwas Negatives aus dem Lager zu berichten. Schon Andeutungen können das Leben kosten. Übrigens ist es auch verboten, Bibelstellen in Briefen zu zitieren. Selbstverständlich laufen alle Briefe durch die Zensur.

Mit dem Datum vom 15. Juni beginnt Hubert: »Kam am 3. Juni hier in Dachau an. Bin gesund.« Dann stellt er Fragen, was mit seinen Sachen geschehen ist und natürlich am wichtigsten für ihn, ob die Messintentionen auch weiter gegeben worden sind – hier meldet sich wieder sein fast skrupulöses Gewissen. Dann möchte er natürlich auch wissen, was Marie nun tun will. Sie soll die Mutter grüßen und ihr sagen, dass er ja sowieso bald zum Militär gekommen wäre. Zum Schluss eine kleine Information: »Einer von uns Priestern, der Erlaubnis hat, liest uns jeden Tag eine heilige Messe, auch einige Breviere haben wir hier…« Genau 14 Tage später folgt ein zweiter Brief, in dem er darum bittet man möge ihm öfter schreiben: » Im Geiste bin ich oft bei Euch. Vor allen im Gebet bin ich mit Euch vereint. Uns alle stärkt der Gedanke, dass ohne den Willen Gottes nicht einmal ein Haar von unserem Haupte fällt und dass denen, die Gott lieben oder sich wenigstens darum bemühen, alles zum Besten gereicht.« Diese Worte schreibt Engelmar auch für sich selbst, – er fühlt sich sehr allein – und schließt seinen Brief nach herzlichen Grüßen: »Schreibe recht oft an Deinen fernen Bruder Hubert.«

Ende Juli freut er sich, dass Marie geantwortet hat und fragt als Bauernsohn, der sich unbewusst noch immer für das Wohlergehen der Seinen verantwortlich fühlt, in seinem Antwortbrief: »Steht das Getreide gut? Wir kommen aus dem Lager nicht heraus zur Arbeit. »Wir tragen für die anderen die Kost in Kübeln von der Küche zu den einzelnen Blocks.«

Zentnerschwere Kübel schleppen

Seine Schwester daheim kann nicht ahnen, was ihr Bruder ihr damit sagen will: Essen tragen hört sich zunächst harmlos an. Aber das Schleppen der Esskübel gehörte zu den schwierigsten »Kommandos« überhaupt. Dreimal täglich muss Hubert zusammen mit seinen Mitbrüdern die Kübel zu den Häftlingen bringen. Aus Eisen mit doppelter Wand sind sie an sich schon schwer, gefüllt mit 50 Liter Tee, Kaffee oder Suppe müssen zwei Mann 75 Kilo bewältigen. Und alles muss natürlich »dalli, dalli« gehen! Als in der Eile Pfarrer Hermann Dümig vergisst – denn jede Arbeit hat im Laufschritt zu erfolgen – in der SS-Küche die Mütze abzunehmen, wird sie ihm so heftig vom Kopf geschlagen, dass er fast den Kübel umgekippt hätte. Das wäre eine Katastrophe gewesen. Wird der Inhalt eines Kübels verschüttet, muss der Priesterblock einen von seinen Kübeln abgeben und hat dann natürlich nichts zu essen.

Inzwischen schreibt Hubert alle vierzehn Tage an seine Familie, meistens an seine Schwester Marie. In seinem Weihnachtsbrief klingt die Sehnsucht nach Frieden an, wobei er aber auch darauf hinweist, dass dieser Friede nicht umsonst zu haben ist: »Auch Christus pocht an die Tore der Welt und möchte ihr den Frieden geben. Doch scheint, dass heuer die Wogen der Zwietracht zu hoch gehen, als dass ein allgemeiner Friede möglich wäre. Auch ist noch nicht all die Schuld und Ungerechtigkeit gesühnt, die menschliche Bosheit und Unzulänglichkeit angehäuft. Wenn schon Gottes Hand auf uns zu liegen scheint, dann wollen wir hoffen, dass wir beitragen zur Entsühnung von Schuld und Fehl.« Dann scheint er unmittelbar auf sein eigenes Schicksal anzuspielen und ist zu Sätzen fähig wie: »Was vielleicht manchmal als Unglück erscheint, ist oft das größte Glück. Wie vieles lernt der Mensch erst durch die Erfahrung in der Schule des Lebens. Wir sollen die Friedlosigkeit in der Welt für die anderen mitfühlen und miterleben, und ihnen zum wahren Frieden verhelfen. Dann wundert es uns nicht, wenn Gott uns manches aus der Hand nimmt, was uns lieb und teuer war. Doch was geht über das Glück, Gott selbst in unserem Herzen zu wissen, der ja die Quelle aller Seligkeit und aller Freuden ist.«

Nicht immer klappt es mit der Post. Sogar Weihnachten hat er leer ausgehen müssen. Im Dezember 1941 hat Engelmar damit begonnen, von sich in der dritten Person zu schreiben. Ab sofort berichtet er immer wieder von »Walter«, wenn er sich selbst meint. Am 11. Januar 1942 weist er darauf hin, dass Päckchen und Pakete nicht erlaubt sind, fügt aber hinzu: »Da ein Brief 100 Gramm wiegen darf, könnt ihr dem Brud. Walter im nächsten Brief ruhig 2 Taschentücher beilegen. Es freut mich, dass er schon gegen 200 seiner Kameraden getroffen hat. Ist es möglich, dass im ganzen gegen 1500 dorthin eingerückt sind?« Dieser Brief hat die Kontrollen passiert. Ob seine Schwester Marie begriffen hat, was Hubert ihr mitteilen wollte, dass nämlich bereits über 200 deutsche Priester, insgesamt etwa 1500, in Dachau inhaftiert sind? Wenn nicht, seine Oberen würden es vermutlich aus dieser Bemerkung herauslesen können.

Der härteste Winter seit Menschengedenken

Das Jahr 1942 lässt sich für die Häftlinge in Dachau nicht gut an. Eine böse Überraschung bringt bereits der Neujahrstag: Der berüchtigte Lagerkommandant Hoffmann wird zum Lagerführer ernannt. Und der zeigt sogleich, dass er ein Mann hart wie Stahl ist: Ab sofort müssen die Priester das Essen nicht nur für sich sondern für alle Gefangenen schleppen.

Dachau, 500 Meter hoch gelegen, hat immer wieder kalte und schneereiche Winter. Heute Morgen ist es glatt. Hubert, durchgefroren wie alle anderen nach dem langen Stehen auf dem Appellplatz, hat Schwierigkeiten. Ihm schmerzen die Hände von der eisigen Kälte, dazu fährt der Wind durch seine dünne Jacke. Da passiert es: Auf der eisigen Treppe, die von der SS-Küche nach draußen führt, kommt er mit seinen Holzpantinen ins Rutschen, sein Kamerad versucht noch, gegenzusteuern. Vergebens: ein Teil der dünnen Suppe schwappt über, beschmutzt die Treppe und gefriert sofort zu Eis. Der Hieb, der Hubert auf den Rücken trifft, brennt wie Feuer.

»Morgen früh feiern wir ein Hochamt, um das Fest der Erscheinung Christi besonders festlich zu begehen«, hat Lagerkaplan Dr. Ohnmacht am 5. Januar mitgeteilt. Doch es kommt anders: Gegen 3.30 Uhr fährt Hubert aus dem Schlaf. Ist es denn schon wirklich Zeit zum Wecken? Da hört er auch schon das Gebrüll: »Los, alle Pfaffen raus zum Schnee schaufeln!« Die Lagerstraße ist nicht wieder zu erkennen. Riesige Schneemengen lassen die Höhe der Mauer nur noch erahnen, die »aus Sicherheitsgründen« um die Priesterblocks errichtet worden war. Schnee, der viel Leid und Tod zudeckt – ein Leichentuch auch für die Soldaten in Russland.

»Los, los, dawei, dalli.« Etwa 1000 Priester sind heute und in den kommenden Tagen fast pausenlos im Einsatz. Während das Thermometer zwischen minus 20 und 30 Grad schwankt, müssen die Priester den harten Schnee weich klopfen, ihn mit Schaufeln auf die Schubkarren laden und ihn zum Bach fahren, der längst zugefroren ist. Schubkarren reichen bei weitem nicht aus, um mit solchen Riesenmengen Schnee fertig zu werden, aber die SS weiß sich zu helfen. Aus den Priesterblocks müssen die Tische geholt werden. Diese werden umgedreht und die Platten mit Schnee beladen: Je vier Mann müssen die eisige Last auf ihre Schultern heben und im Laufschritt zum Bach bringen.

Hubert beobachtet, wie ein Mitbruder vor Müdigkeit und Erschöpfung über seinem Schneekarren zusammen bricht. Eine willkommene Gelegenheit für einen der SS-Männer, auf ihn einzuschlagen und ihm beim Bach zu befehlen, die Tour noch einmal zu machen und zwar im Laufschritt. Als der so Bestrafte sich endlich von seiner Last befreien darf, ist seine Hand am Karrengriff festgefroren. Am 11. Januar schreibt P. Engelmar nach Hause: »Im Übrigen tröstet mich ein Wort der heiligen Theresia: Mit Worten kann man wohl Seelen unterrichten, retten aber kann man sie nur durch Leiden. Wünsche sehnlichst, auf diese Weise P. Ansbert in etwa zur Hilfe zu kommen.«

Dass P. Engelmar bisher diese Strapazen überstanden hat, lässt er in einem Brief vom Ende Januar wissen: »Habe, Gott sei Dank, weder Schnupfen noch Erkältung. Nur an den Fingern kommt der Frost von früher wieder etwas zum Vorschein … Dass für uns viel gebetet wird und dass Gott wunderbar alles lenkt, merken wir hier täglich an uns. Doch hoffe ich, wie schon gesagt, auch hier für die Ewigkeit arbeiten zu können. Für Erfahrung und Anregung ist ja überall Gelegenheit und, um gleichsam ein zweiter Christus, d.h. ein solcher Seelenhirte wie ER (wovon der hl. Paulus spricht) zu werden, dazu ist es ja ein weiter Weg. Wenn man ganz auf sich gestellt ist, sieht man erst, wie viel man an seelischer Veredelung erreicht hat.« Bei seiner abendlichen Gewissenserforschung fragt sich Hubert Unzeitig immer wieder, inwieweit er heute seinem Ideal, seinen Mitbrüdern, aber auch den Mithäftlingen gegenüber, gleichsam ein Transparent der Liebe Gottes zu sein, näher gekommen ist.

»Sind die Pfaffen saufbereit?«

Offensichtlich hatte der Vatikan hinter den Kulissen mit mehr oder weniger Erfolg versucht, das Leben der Priester wenigstens ein wenig zu erleichtern. Neben der Kapelle – inzwischen ist es klar, dass sie nur für die deutschen Priester bestimmt ist –, besteht eine weitere etwas seltsame Vergünstigung darin, aus kirchlichen Spenden jedem der Priester täglich ein bestimmtes Quantum Wein zukommen zu lassen. Vermutlich wollte man dadurch sicherstellen, dass die Priester genügend Wein zur Feier der Heiligen Messe hatten.

In der Praxis sieht diese vom Papst persönlich bewirkte Bevorzugung etwas anders aus: »Weinkommando« nennt sich die widerliche Zeremonie, die unter der Leitung eines SS-Mannes, nämlich des Blockführers, stattzufinden hat. Eine bestimmte Zeit dafür gibt es nicht. Sobald der SS-Mann auftaucht, brüllt er. »Weinholer raus.« Die Weinflaschen werden morgens in Kisten auf den Block geliefert und genau abgezählt, während die Priester die Aluminiumbecher vorschriftsmäßig in den Händen halten müssen. Dabei darf nicht gesprochen werden. Dann schreit der SS-Mann: »Sind die Pfaffen saufbereit?«

Der Stubenälteste muss dann brüllen: »Jawohl, Herr Blockführer.« Dann erfolgt das nächste Kommando: »Flaschen aufmachen!« Mit zwei Korkenziehern müssen etwa 20 Flaschen so schnell wie möglich geöffnet werden. Wenn es nicht flink genug geht, hagelt es Schläge. Dann steigt der Blockführer auf einen Schemel. Jeder Geistliche hält nun den gefüllten Becher in der Hand und muss dabei den SS-Mann anblicken. Dann erfolgt das Kommando: »Aussaufen!« Jeder muss den Becher in einem Zug ganz leeren, also einen Viertel Liter Wein in sich hineinschütten.

Heute Morgen ist es besonders schlimm: Drei Tage lang ist der SS-Mann nicht gekommen. Als er nun erscheint, muss jeder eine ganze Flasche Wein leer trinken – und das auf nüchternen Magen! Hubert ist es von dem sauren Mosel sehr übel geworden, aber er hat es rechtzeitig geschafft, bis auf die Toiletten zu kommen, um sich dort zu übergeben. Für viele andere ist das Resultat noch peinlicher: Nicht nur, dass es geschwollene Gesichter und blaue Augen bei jenen Mitbrüdern gibt, die heimlich versuchten, den Wein weg zu schütten, sondern vor allem auch bei jenen, die recht angeheitert auf dem Appellplatz antreten. Als am 11. Februar plötzlich das »Weinkommando« wieder ausfällt, ist niemand der Priester traurig. Für Messwein ist gesorgt. Den Kranken, denen ein wenig Wein vielleicht gut getan hätte, durfte und konnte man sowieso nichts geben. Und die SS-Leute nahmen sich ja eh immer zu trinken, wenn sie sich durstig fühlten… Und das war allzu oft der Fall.

Die polnischen Priester haben keine oder fast keine Privilegien. Sie dürfen noch nicht einmal in den Kapellenraum hinein sehen. Die SS hat nämlich das Fensterglas weiß anstreichen lassen, um zu verhindern, dass die polnischen Mitbrüder wenigsten draußen stehend die Heilige Messe mitfeiern können – Breviere und Rosenkränze sind ihnen längst fortgenommen worden. Der Kommandant hat ihnen unter Androhung schrecklichster Strafen jede religiöse Tätigkeit untersagt. Das hindert diese tapferen Geistlichen nicht daran, selbst die Heilige Messe zu feiern. Sie werden von einigen deutschen Mitbrüdern mit Hostien und Wein versorgt. Und immer wieder gelingt es, polnischen Priestern, die für die medizinischen Experimente »aussortiert« werden, wenigsten die Sterbesakramente mit auf den letzten Weg zu geben. Allerdings sind die polnischen Kleriker, die eben nicht über die Privilegien ihrer deutschen Mitbrüder verfügen, nicht immer frei von Ressentiments, auch ihren deutschen Mitbrüdern gegenüber...

Überaus schrecklich sind die Sanktionen, als bei ihnen kurz vor Palmsonntag 1942 eine amerikanische Dollarnote gefunden wird. Tagelang gibt es Extra-Appelle: »Los, im Laufschritt, marsch über die Lagerstraße zum Appellplatz, einmal links herum, dann wieder rechts, rückwärts, vorwärts!« Immer noch nicht schnell genug. Stöcke sausen durch die Luft. Weiter, immer weiter im Laufschritt. Schnell und schneller. Wenn die Aufseher müde vom Schreien und Prügeln sind, lösen sie sich ab. Für die Polen gibt es keine Gnade. Auch für die Ohnmächtigen unter ihnen nicht, auf die, wenn sie nach einem mächtigen Tritt nicht gleich wieder aufstehen, die SS-Männer geradezu lustvoll einschlagen. So geht es vom Morgenappell bis mittags. Danach eine kurze Pause zum Essenfassen.

Am Karfreitag regnet es in Strömen. Als die Priester, geschunden und am Ende ihrer Kräfte, vom Appellplatz zurückkommen, glauben sie ihren Augen nicht trauen zu können: Die gesamte Einrichtung, nämlich Tische, Hocker, Handtücher, Essschüsseln, Brot, Löffel, kurz alles, was sich in den Stuben befindet, liegt im Regen auf der Lagerstraße. Das bedeutet, in der Mittagspause alles wieder einzuräumen! 500 Decken und 250 Strohsäcke müssen aus dem Matsch aufgenommen, gesäubert und wieder in die Stuben geschafft werden. Und wehe, wenn ein Strohhalm danach noch auf der Straße zu sehen ist, die Stube nicht frisch gebohnert glänzt! Dann geht es natürlich wieder zum Appellplatz. Weiter exerzieren. Weiter Geschrei. Gebrüll. Knüppel, die durch die Luft sausen, Riemen, die ins Fleisch schneiden, Tritte in den Bauch oder auf den Kopf, die besinnungslos machen oder gar zum Tode führen.

Diese Strafaktion vom 28. März bis 6. April fordert allein in dieser Woche 70 bis 80 Menschenleben. Der spätere Erzbischof von Lusaka, Kardinal Adam Kozlowiecki SJ. erinnert sich Zeit seines Lebens an die schrecklichen Torturen, die bis Oktober 1942 dauern und durch die insgesamt 500 polnische Mitbrüder sterben: »Wer nur einmal durch diese Schrecken gegangen ist und diesen Henkern ausgeliefert war, der hat für immer ein Gefühl der Angst, Furcht und Hilflosigkeit.« Und er fährt fort: »Man wollte unsere Seelen töten. Darum wurde uns das Beten und jede religiöse Betätigung verboten. Trotz des strengen Verbots habe ich meine Generalbeichte abgelegt und von deutschen Priestern die heilige Kommunion empfangen.«

P. Engelmar kommentiert diese letzte Fastenwoche und die Osterzeit in einem Brief gegenüber seinen Angehörigen: »Gott spricht in der heutigen Zeit wieder eine sehr deutliche Sprache mit großen Zeichen und Wundern und verlässt nicht die, die auf ihn ihr Vertrauen setzen, sodass selbst seine Feinde, wie ich von Walter erfuhr, gestehen müssen: Immer wenn seine Getreuen in Not waren, haben sie gebetet und sind erhört worden. Darum heißt es Mut und Vertrauen haben.« Dann spielt er auf die Schrecken der letzten Woche an: »Dass der Teufel immer wieder Sturm und Unruhe erregt, wenn in der Zeit vor Ostern viele Seelen seiner Gewalt entrissen werden und dass dieser Kampf und dieses Toben sich steigert in der Zeit, da der Leidensweg Christi seinen Höhepunkt erreicht hat, davon wird wohl Walter ein Lied singen können. Doch Christus hat ja seine Widersacher bezwungen und wer mit ihm vereint duldet, wird mit ihm siegen und mit ihm sich freuen dürfen.«

Dass die medizinischen Experimente bewusst auf den Tod der menschlichen Versuchskaninchen ausgerichtet sind, weiß in Dachau jeder. Dies gilt vor allem für die Malariaversuchsstation von Professor Schilling, die sich in den ersten Stuben der Blöcke 1 und 3 befindet.

Zuerst werden die Häftlinge aus der Strafabteilung mit der Anophelesmücke, die die Malaria überträgt, infiziert. Entweder werden die »Versuchspersonen« täglichen Mückenstichen ausgesetzt oder aber Infektionsstämme in das Muskelgewebe oder in die Vene eingespritzt. »Nun müssen die polnischen Confratres dran glauben«, raunt Pater Sales Heß seinem Mitbruder Pater Engelmar zu. Es sind insgesamt über 1000 Infizierte, die man mit Präparaten, die das Chinin ersetzen sollen, »behandelt« . 85 Todesfälle werden später bekannt werden.

Besonders heftig verläuft die Krankheit, wenn Infektionsstämme in die Vene eingespritzt werden. Dabei verringert sich die Inkubationszeit auf zwei Tage. Als »Heilmittel« werden Chinin, Salvasan, Antipyrion oder Pyramidon gegeben, oft in zu hohen Mengen.

Wie sadistisch der KZ-Arzt Dr. Rascher ist, weiß Unzeitig schon. Er hat erfahren, dass der bereits zum Tode verurteilte Gefangene namens Chanitsch Rascher für ein besonders sadistisches Experiment überlassen wurde. Was das für ein Versuch war, kann Pater Engelmar nicht herausfinden. Entweder wissen es seine Informanten nicht oder sie wollen ihn nicht mit weiteren grausamen Einzelheiten belasten.

Bekannt geworden ist später ein Brief, in dem sich Rascher entschuldigt: »Da mir vom RFSS (Kommandostab Reichsführer SS) befohlen wurde, für gefährliche Versuche zum Tode Verurteilte zu nehmen, wollte ich bei diesem Russen einen Versuch vornehmen, bei dem mit absoluter Sicherheit anzunehmen war, dass die Versuchsperson den Versuch nicht überleben würde.« Er fährt fort: »Entgegen jeder Annahme überstand der betr. Russe drei Versuche, die bei jedem anderen tödlich ausgelaufen wären. Entsprechend dem Befehl des RFSS, solche VPs, die zum Tode verurteilt sind, aber lebensgefährliche Versuche überstanden haben, zu begnadigen, bitte ich, die entsprechenden Schritte vornehmen zu wollen. Es tut mir leid, dass durch unsere falschen Annahmen nun Scherereien entstehen. Mit bestem Dank und Heil Hitler.« – Was aus Chanitsch später wurde, konnten die Mithäftlinge damals nicht in Erfahrung bringen.

Franz Blaha aus Mähren belastet seine Arbeit als Obduzent auf der Versuchsstation so sehr, dass er sich seinem Landsmann Unzeitig anvertrauen muss. Er macht ihn, den Priester, zu seinem Mitwisser, ohne zu bedenken, wie sehr er ihn dadurch auch gefährdet. P. Engelmar ist zwar innerlich über diese überflüssigen menschenverachtenden Grausamkeiten zu Tode erschrocken. Nach außen bleibt er aber sehr ruhig, still, freundlich und liebenswürdig wie stets, obwohl ihm durch dieses Wissen eine neue zusätzliche Last auferlegt worden ist.

Sein Landsmann berichtet in allen Einzelheiten über die besonders grausamen Versuche Raschers in der Phlegmonestation auf Block 1, wo der Arzt auf Anordnung »von ganz oben« versucht, Sulfonamide, von denen Himmler nichts halte, durch biochemische Mittel zu ersetzen und ein deutsches mit Penicillin vergleichbares Präparat zu finden. Die Versuchsanordnung sei ganz einfach: Den Kranken auf der chirurgischen Abteilung werde flüssiger Eiter entnommen und gesunden Häftlingen – am liebsten polnischen, aber auch neu eingelieferten Priestern aus der Tschechei und aus Holland –, unter die Haut, in die Muskeln oder in die Venen gespritzt. Man nehme dafür vor allem die immer noch besser ernährten Geistlichen, weil sich ausgehungerte Gefangene für diese »Experimente« nicht eigneten. Die Häftlinge bekämen hohes Fieber und starke Schmerzen. Einige stürben an einer schnellen Sepsis, andere kämpften manchmal sogar monatelang unter größten Schmerzen um ihr Leben.

So gut er kann, hilft Franz Blaha dem Oberpfleger auf Block 1, Heinrich Stöhr, dem späteren bayerischen Abgeordneten, den einen oder anderen Mann doch noch zu retten. Innerhalb der verschiedenen Versuchsanordnungen sterben unterschiedlich viele Opfer. Bei jenen, die Sulfonamide erhalten, sind die Überlebenschancen höher. Keine Chancen haben jene Opfer, denen Eiter aus ihren eigenen Phlegmonen in die Venen gespritzt werden. Der polnische Geistliche Stefan Natorski überlebt als Einziger.

Bei einer neuen Versuchsreihe werden 20 polnischen Mitbrüdern 24 Stunden vor ihrer Infizierung Medikamente gegeben. Bei denjenigen, die dann Sulfonamide bekommen, verläuft die Infektion leichter. Heini Stöhr tut auch in dieser Situation, was er kann. Denjenigen, denen es nicht ganz so schlecht geht, gibt er das Medikament Tibatin nicht. Stattdessen verwendet er es für die Schwerstkranken.

Dann kommt Rascher auf die Idee, Hitler vorzuschlagen, die Wirkung von hohen und niederen Temperaturen auf den menschlichen Organismus an einigen Häftlingen zu testen. Dafür braucht man junge Männer bis zu 21 Jahren, die gesund sind und vorher besonders gutes Essen erhalten. Für die Versuche, die hauptsächlich im April 1942 stattfinden, sind etwa 180 bis 200 Gefangene ausgesucht worden. Einer dieser jungen Männer ist der damals 17-jährige Nikolaj Jatschenko. Ihm ist es bisher relativ gut gegangen: Als Essenholer war er privilegiert, er hat Unterricht erhalten in Musik, Literatur und Geografie. Nun wird er zu einem der Opfer des Sadisten Rascher. Pater Engelmar kennt den Jugendlichen gut, kann aber nichts für ihn tun.

Bei Simulationen von 21000 Metern werden Höhenkrankheit und Herztätigkeit registriert: 70 bis 80 Männer sterben dabei. Zu diesen Versuchen lädt Rascher auch andere Ärzte ein. Die überlebenden Häftlinge haben neben Embolien auch Kollapse, Infarkte und Schlaganfälle, vor allem aber psychische und seelische Störungen. Bei denen, die nicht überleben, besteht Rascher darauf, dass seine geladenen Gäste dabei zuschauen, wie er die frischen, noch warmen Leichen seziert.

Diese grässlichen Einzelheiten, die Blaha seinem Vertrauten erzählt, sind fast mehr, als dieser ertragen kann. Franz merkt, wie sich die Gesichtsfarbe des immer sehr blassen Huberts ins Grau-Grünliche verfärbt. Er verschont den Pater darum für heute mit weiteren Einzelheiten, zum Beispiel damit, dass Rascher geradezu begeistert ist, wenn das Herz auf dem Seziertisch noch schlägt.

Franz Blaha denkt nur selten daran, dass er dadurch, indem er Unzeitig zu seinem Vertrauten und Mitwisser macht, ihn akut gefährdet. Er weiß genau, dass seine eigenen Chancen zum Überleben nicht besonders groß sind: Er hat es einmal gewagt, im Beisein von Rascher von einer »Luftembolie« als Todesursache zu sprechen. Rascher hat ihn nur angeschaut; seitdem hat Blaha Angst, ebenfalls Opfer eines solchen Versuches zu werden. Ein Häftlingsarzt hatte schon früher einmal bei einer Sezierung riskiert, sich wahrheitsgemäß über die Todesursache zu äußern. Dieser Arzt wurde sofort für einen Straftransport bestimmt, von dem er nie mehr zurückkam. Eine Warnung, die Blaha nicht vergessen kann.

Wer wegen solcher und ähnlicher Vergehen in die Hände der SS fällt, wird öffentlich exekutiert, sei es durch Erhängen, sei es durch eine Kugel in den Nacken. Wenn Gruppen hingerichtet werden, finden diese schrecklichen Schauspiele entweder in einer Ecke des Appellplatzes statt oder auch direkt vor dem Krematorium.

Wenn es sich um »weniger wichtige Dinge« handelt, besteht schon einmal die Chance, mit dem nackten Leben davon zu kommen. Entweder werden die Delinquenten in eine Zelle eingesperrt, wo sie – manchmal bis zu 14 Tagen – aufrecht stehen müssen. In der Kälte. Selbstverständlich ohne jegliche Nahrung. Als »Zugabe« gibt es Schläge mit dem Gummiknüppel, 20, 30 oder auch 40. Wenn der so Geschundene über seinen Qualen vergisst, die ihm verpassten Prügel laut zu zählen, fängt der Schläger wieder von vorne an...

Immer neue Teufeleien der Sadisten

Aufgrund von Protesten werden die Unterdruckkammerversuche Mitte Mai 1942 zwar eingestellt, aber die so genannten Kältetodversuche an »Neuzugängen« aus Russland oder Polen gehen weiter. Bei diesen Häftlingen, die zunächst besseres Essen als ihre Mithäftlinge erhalten, werden die Experimente nach Raschers Launen durchgeführt: Oft enden sie mit dem Tod, der nach ungefähr sechs bis acht Stunden bei einer Körpertemperatur von 28 bis 25 Grad eintritt. Das einzige Mittel, das sich bewährt hat, ist das Aufwärmen mit heißem Wasser. Rascher hält es allerdings mehr mit der menschlichen Körperwärme: Am 7. Oktober werden vier Frauen aus dem KZ Ravensbrück nach Dachau gebracht, die dann dort mit den Versuchspersonen den Koitus ausüben müssen. Der sadistische Arzt will wissen, ob beispielsweise die »tapferen deutschen Helden« in Russland, die in der sibirischen Kälte kämpfen müssen, später noch zeugungsfähig sind.

Bei den Trockenunterkühlungsversuchen werden die Häftlinge nackt auf Tragen gebunden, über Nacht in der Kälte gelassen und jede Stunde mit kaltem Wasser begossen. Nach 9 bis 14 Stunden im Freien ist die Körpertemperatur auf 29 bis 27 Grad gefallen. Bei 300 bis 400 Versuchen bis Mai 1943 sterben 80 bis 90 Menschen. Rascher schreibt dann an Himmler, in Dachau könnten diese Versuche »wegen der beengten Verhältnisse« nicht so gut durchgeführt werden »wie in Auschwitz oder Lublin.« In ihrer Todesangst schreien die Versuchspersonen geradezu fürchterlich. Das erregt Aufsehen.

Aber es gibt noch andere Verbrechen, als medizinische Versuche getarnt, die heimlich begangen werden: Etwa künstlich herbeigeführte Hepatitisinfektionen sowie Leberpunktionen, an denen am 6. Juni 1942 Johann Pausch, Häftling Nr. 24351, und am 30. Juni Max Latowsky, Häftling Nr. 15534 sterben. Fast täglich werden »zu Übungszwecken« Operationen und Amputationen durchgeführt. Darüber hinaus versucht man mit Polygal, einem Gelierstoff, Blutkonserven herzustellen.

Als Pater Engelmar am 26. Juli erfahren muss, dass auch der stille und unscheinbare Karmeliter, Pater Titus Brandsma, zu den Opfern gehört, bricht er fast zusammen. Nur mit Mühe kann er die Tränen zurückhalten, obwohl er ihn nur kurz kennen gelernt hat, da dieser ja erst am 19. Juni angekommen und schon bald ins Krankenrevier eingeliefert worden war. Immerhin hatte er durch die »Flüsterpropaganda« – die streng geheime Nachrichtenübermittlung innerhalb des Lagers –, erfahren, dass P. Titus, dieser sanfte holländische Priester, viel Mut bewiesen hatte, als er als Rektor der Katholischen Universität Nijmwegen den Nationalsozialismus kritisiert und sogar öffentlich erklärt hatte, allen Unterstützern des neuen Regimes die Sakramente zu verweigern. Die niederländischen Bischöfe lehnten es ab, in ihren Zeitungen offizielle Nazipropaganda zu verbreiten. Als Brandsma diese Anordnung des Episkopats jedem katholischen Journalisten und Verleger persönlich überbrachte, schlug die SS zu. Blaha berichtet Unzeitig, dass nach Raschers medizinischen Experimenten Pater Brandsma um 13.50 Uhr die Todesspritze erhalten habe. Auf den Totenschein habe er als Ursache »Darmkatarrh« schreiben müssen.

Besonders Menschen verachtend sind die Versuche, in denen man das Überleben von Schiffsbrüchigen simuliert. Dazu werden auch Häftlinge »benutzt«, die von anderen Lagern nach Dachau kommen, angeblich freiwillig, gelockt von großen Essenrationen. Bei dem Experiment gibt es verschiedene Untergruppen. Solche, die aufbereitetes Meerwasser oder unbehandeltes Meerwasser zu sich nehmen müssen, sterben langsamer als jene Gruppe der Opfer, die man sofort verdursten lässt. Blaha wird gegenüber P. Engelmar sehr deutlich: »Sie schreien vor Verzweiflung. Wenn der Fußboden frisch geputzt ist, werfen sie sich auf ihn, um die Feuchtigkeit abzulecken.«

Priester kommen hinter zusätzliche Gitter

Der Lagerleitung ist bekannt, dass – entgegen aller Vorschriften – die Geistlichen in den Blöcken 26, 28 und 30 auch mit anderen Häftlingen Kontakt haben. Daher werden diese Blöcke an einem Morgen durch hohe Gitter, verstärkt durch Stacheldraht, abgetrennt. Nicht verschlossen werden die Seiten zum Krematorium hin: Es besteht also weiterhin die Möglichkeit, Kontakte »nach draußen« zu haben, vor allem aber auch jemandem die Beichte abzunehmen oder die heilige Kommunion zu spenden. Immer wieder kommt es zu theoretischen Diskussionen darüber, ob es Verbindungen zwischen Christen und Marxisten-Leninisten gebe, die man nach dem Krieg weiter entwickeln könne. Dabei machen die Priester häufig die Erfahrung, dass diese gemeinsam verbrachte Zeit unter unmenschlichen Bedingungen später einmal ein guter Anknüpfungspunkt für menschliche Beziehungen zu werden verspricht. Mancher Priester denkt an den überzeugten Kommunisten Willy Bader, der ihnen so oft geholfen hat – auch unter Einsatz seines Lebens.

Trotz der Versuche einiger Mitbrüder, so etwas wie eine gemeinsame Spiritualität zu entwickeln, ist das Leben unter den Priestern alles andere als leicht. So kritisiert Wilhelm Schamoni, der seit dem 29. September 1941 in Dachau ist, an seinen Mitbrüdern von Block 26: Nicht alle seien Beispiele und Vorbilder für eine christliche Lebensführung, sondern im Gegenteil: »Manche sinken auf das Niveau des Lagers herab, neigen dazu, zu vermassen und sich entpersönlichen zu lassen.« Alles in allem seien sie »geistig unselbstständig.« Er bemängelt auch, dass die geistliche Führung der Priester durch die fehlenden sonntäglichen Predigten Schaden nehme.

Als Ende Februar 1942 der Gründer der Schönstattbewegung, der Pallottinerpater Josef Kentenich nach Dachau kommt, versucht dieser, so bald wie möglich apostolisch tätig zu sein. Als einer der großen Exerzitienmeister in den dreißiger Jahren ist er vielen Priestern vom Namen her bekannt. Einige Schönstätter – Weltpriester und Pallottiner – befinden sich bereits in Dachau.

Pater Kentenich kümmert sich nicht nur um »seine Schönstätter«, wie es ihm immer wieder einmal vorgeworfen werden wird. Er hat, genau wie Schamoni, registriert, dass es auf dem Priesterblock Selbstsucht und Egoismus, Neid und Faulheit gibt – und vor allem einen Standesdünkel, der besonders die ausländischen Priester, zuerst die polnischen, später auch die französischen, mitunter unangenehm berührt. Dem hält Kentenich ein neues Priesterbild entgegen, das er auch in seinen kurzen Morgenansprachen darlegt. Dabei spricht er davon, dass derjenige, der die Bewährungsprobe in Dachau in gottgewollter Weise überstehen wolle, ein »naiver Mensch« sein müsse, naiv im christlichen Sinn als »ernst genommene und gelebte Gotteskindschaft«. Pater Engelmar notiert sich: »Also rückhaltloses Vertrauen auf Gott, ein Vertrauen, das so fest und hellsichtig ist, dass es noch in den Mörderhänden der SS Gottes Vaterhände wahrnehmen kann.« Er seufzt und fragt sich, wie weit er noch von einer solchen Haltung entfernt ist, um dann weiter zu schreiben: »Wir Priester wollen in primitivsten Verhältnissen nicht primitiv, sondern naiv reagieren, und, wenn Gott es will, entweder als starke Priesterpersönlichkeiten im Lager sterben oder als gereifte Priester später einmal fürs Gottesreich eifrig und fruchtbar werden.«

Mittlerweile ist es fast Sommer – die Luft in der übervollen Stube, deren Fenster aus Sicherheitsgründen geschlossen bleiben, ist richtig stickig geworden. Jeder der Zuhörer weiß, dass Gott die Bereitschaft, für ihn zu sterben, sehr schnell einfordern kann.

Die Plantage ist aller Häftlinge Schreckgespenst: Für diese riesige Anbaufläche, die dem Dachauer Moorboden bereits um den Preis unzähliger Menschenleben, meistens politische Häftlinge, abgerungen wurde, braucht die SS nun neue Arbeitskräfte, nachdem bereits die Geistlichen aus Osteuropa in härtere Arbeitskommandos versetzt worden sind. »Arbeitssklaven«, Menschen, werden – trotz aller Neuzugänge – allmählich knapp. Allein in der Plantage sind von 1940 bis 1942 Hunderte von Häftlingen zu Tode gequält worden.

Seit April 1942 – inzwischen müssen fast alle Priester ran und hart arbeiten – sind manchmal bis zu 1000 Mann dort beschäftigt. Das ungesunde Moor ist zu einem Großbetrieb geworden mit riesigen Gewächshäusern, einer Gewürzmühle mit 60 000 Kilo Jahresleistung und sogar Laboratorien zur wissenschaftlichen Auswertung der Herstellung von Vitamin C sowie einer Versuchsabteilung für den biologischen Landbau auf schlechtem Boden. Die Experten sind genau wie die Priester Gefangene. Sie müssen für einen möglichst hohen Gewinn sorgen, denn die Plantage gehört den Parteibonzen. Auf einem Areal von rund 100 Hektar werden vor allem Pfeffer, Paprika, Bohnenkraut, Basilikum und Thymian angebaut.

Bei Schnee, Regen und Hitze müssen die Häftlinge Schubkarren fahren, Beete ausheben und Pflanzen pikieren. Bis zu 14 Stunden pro Tag sind sie schutzlos dem Wetter ausgesetzt. An den langen Regentagen im Frühjahr und Herbst sind sie, wenn sie mit dem berühmten »Lied auf den Lippen« endlich abmarschieren können, schon durch das lange Herumstehen auf dem Appellplatz nass bis auf die Knochen. Und dann heißt es: Auf die Knie und Unkraut jäten oder in stinkende Wassergräben kriechen. »Der Josef aus dem Bistum Mainz hat sich ein Stückchen Pappe auf die nasse Erde gelegt und ist dabei erwischt und entsprechend bestraft worden«, flüstert ein Mitbruder Engelmar in einem günstigen Augenblick zu. Besonders arm dran und überaus gefährdet sind jene Geistlichen, die den so genannten »Moorexpress« bedienen müssen. Diese Ungetüme sind schwere Eisenkarren. Sie müssen gezogen und geschoben werden unter den ständigen Rufen der Bewacher: »Schneller, schneller.« Wenn diese Ermahnungen nichts nutzen, werden die menschlichen Zugtiere mit der Peitsche geschlagen. Bei Ochsen tut man das ja auch. Und »etwas Spaß« wollen die SS-Leute auch haben!

Dass die meisten Priester, die keine schwere körperliche Arbeit gewohnt sind, mit Vorliebe vor Pflüge und Eggen gespannt werden, versteht sich fast von selbst. Es vergeht kaum ein Abend, an dem nicht der eine oder andere Geistliche von seinen Mitbrüdern, mehr getragen als geschleppt, zurück zum Zählappell gebracht wird.

Ob im Gewächshaus oder im Freien: Schufterei ohne Ende

Die Arbeit auf der Plantage gilt nicht als Arbeit, sondern nur als »Verwendung« für sonst Unbrauchbare. Das bedeutet, dass auch die so genannte »Brotzeit«, eine Zulage, bestehend aus einer Schnitte Marmeladenbrot, die die Schwerarbeiter in den Außenkommandos bekommen, entfällt. Sämlinge pikieren, Blumen veredeln, Gladiolen schneiden sind ja schließlich keine schweren Arbeiten! Tatsächlich haben nicht alle Geistlichen gleich schwer zu schuften. Obwohl Pater Engelmar zu den jüngeren Priestern gehört, hat er noch »Glück im Unglück« gehabt. Er »darf« von morgens bis abends Thymian Setzlinge pikieren. Meistens im feuchtheißen Gewächshaus, wo die Temperaturen schnell auf 40 Grad ansteigen.

Der Mariannhiller gehört nicht zu jenen, die sich beklagen oder versuchen, sich auf Kosten anderer auszuruhen. »Wie machst Du das nur?«, fragt Hans Brantzen ihn einmal, als sie nebeneinander arbeiten, denn auch im Gedränge der Stube bleibt Pater Engelmar immer ruhig. »Eigentlich ist er fast zu bescheiden«, denkt Hans. Dieser Mitbruder, den Hans längst bei sich als Freund bezeichnet, bleibt ja eigentlich immer im Hintergrund, stellt sich nie in den Mittelpunkt. »Also, wirklich, wieso bleibst Du immer so ruhig?«, bohrt er nach. »Aber Hans«, hier lacht Engelmar ein wenig, nicht spöttisch, sondern eher schelmisch. Dann deutet er mit seiner durch die

Arbeit nicht gerade sauberen Hand nach oben: »Du weißt, uns kann nichts geschehen, was der himmlische Vater nicht zulässt.«

Genau wie Unzeitig arbeiten die meisten Priester auf der Plantage. Heute Morgen hat Engelmar auch kein Brot mehr, zu groß war gestern Abend der Hunger gewesen. Der Liter Suppe, den es heute gibt, und in dem abwechselnd Weißkraut- oder Rotkrautstücke, hin und wieder sogar mit Hülsenfrüchten schwimmen, hält überhaupt nicht vor. Die drei Pellkartoffeln, die manchmal dazu verteilt werden, fehlen heute auch. Kaum hat er die »Suppe« gelöffelt, muss er zusammen mit den anderen wieder nach draußen, denn es heißt schon wieder »Zimmerdienst« . Seit neuestem darf sich niemand mehr auf der Lager- oder Blockstraße niedersetzen oder hinlegen. Ein bisschen Ausruhen ist nicht mehr erlaubt. Als einige der Mitbrüder meinen, das Verbot ließe sich dadurch umgehen, indem sie Hocker aus den Stuben mitnehmen, gellt das »Streng verboten« allen in den Ohren. Nach einer Weile erfahren die schwachen Männer auch warum: Die Beine der Hocker könnten schmutzig werden und Staub in die Stuben tragen.

»Solche Schikanen muss man sich erst einmal ausdenken!«, murmelt ein junger Kaplan erbost. Aber es nutzt ja nichts. Um 12.20 ertönen die Pfiffe: Abmarsch zum Appellplatz. Dann: Arbeitskommando formiert. Gegen 13 Uhr rückt Engelmar mit seinen Gefährten wieder zur Plantage aus. Der Nachmittag, den Engelmar entweder gebückt oder auf den Knien verbringen muss, um die Pflanzen zu pikieren, Unkraut auszureißen oder das Saatgut in die vorher in die Erde geritzten Rillen zu geben, ist mehr als lang. Nach dem Zählappell gegen 19 Uhr dauert es noch bis ein Viertel vor Acht, bis jeder endlich »zu Hause«, das heißt, in seiner Stube ist. Um 20.40 Uhr ist zwar Schlafenszeit, aber der Zimmerdienst muss noch einmal antreten. Ein 17 Stundentag für alle. Übrig bleiben gerade einmal etwas mehr als sechs Stunden Schlaf.

Die Russen in Dachau

Ende Juni 1941 gab es im Gebiet des Großdeutschen Reiches Millionen von Kriegsgefangenen und Deportierten. In Dachau überlebten bis in die Jahre 1944 und 1945 etwa 12 000 Menschen, die aus der Sowjetunion stammten. Dabei war es nicht immer einfach, deren Nationalität auszumachen, wurden sie doch in den Karteien ziemlich willkürlich als »Russen« oder »Ukrainer« geführt.

Als größte Nation beeindruckten sie auch im Lager zunächst durch ihre große Anzahl. Jung und unbekümmert – wenn sie das nicht gewesen wären, hätten sie sicherlich kaum bis Dachau überlebt – schienen sie hauptsächlich aus der Klasse der »Arbeiter und Bauern« zu entstammen. Um sie schon äußerlich zu kennzeichnen oder besser, zu brandmarken, hatten sie in den von den Lagerfriseuren normalerweise auf einer Länge von einem halben Zentimeter abrasierten Haaren einen etwa 10 Zentimeter langen Streifen über den Schädel, wo die Haare total abrasiert sind, verpasst bekommen – von den anderen Häftlingen verächtlich »Autobahn« genannt. Auch die Italiener, die ähnlich wie die Russen in der Lager-Hierarchie weit unten standen, fielen ebenfalls durch diesen extra Schnitt auf. Manche Friseure ließen bei Gelegenheit auch schon mal ein halbes Ohr mitgehen ....

Wie wichtig die Haartracht als Mittel zur Demütigung und zur Zerstörung der Persönlichkeit war, ging aus der Tatsache hervor, dass einige Prominente unter den Häftlingen im Besitz einer »Haarkarte« waren, die ihnen einen normalen, wenn auch militärischen Haarschnitt garantierten.

Die »Parias« ganz unten

Weil Gottes Sohn Mensch wurde,
kommt er in jedem Menschengesicht vor.
KYRILLA SPIECKER

Während die Kommunisten bei allen Nationen, die im Lager vertreten sind, eine bestimmte Rolle spielen, sind sie bei den Russen für Außenstehende nicht auszumachen. Bei anderen Nationalitäten werden verschiedene Untergruppen sichtbar, die Russen hingegen erscheinen einfach als »Masse.« Eine kommunistische Struktur ist nicht erkennbar – und dies hat auch seinen Grund: Die wahren Führer der Partei sind nämlich die Armeeoffiziere, die von den Nazis natürlich nicht mit dem »gemeinen Volk« vermischt werden.

Dass es bei ihnen doch eine Art der Selbstverwaltung und heimliche Rangordnung gibt, wird erst einige Wochen vor Auflösung des Lagers bekannt werden, wenn die Frage auftauchen wird, wer als Vertreter in das Internationale Komitee der Häftlingen entsendet werden soll. Diese Aufgabe wird General Mihalow wahrnehmen, der später auch seine Landsleute in die Heimat führen wird. Vermutlich ist er nur vorgeschoben, die eigentlichen kommunistischen Führer bleiben unbekannt.

Das »gemeine Volk« sind hauptsächlich junge Russen, oft gewalttätige erprobte Schläger, ungebildet, fast noch Jugendliche, die es aus den Weiten der Tundra oder den Bergen des Kaukasus hierher nach

Dachau verschlagen hat. Auf der sozialen Stufenleiter innerhalb des Lagers stehen sie gewissermaßen als die »Parias« ganz unten.

Weil die Russen laut Nazi-Ideologie ja die »bolschewistischen Untermenschen« sind, dürfen sie innerhalb der Lagerverwaltung keinerlei Posten übernehmen. Als im August 1942 die ersten russischen Zivilgefangenen, unter ihnen viele Ukrainer, ins Lager kommen, beschließen die Priester, diesen meist jungen Menschen zu helfen. »Hubert, du bist doch so gut in Sprachen«, nimmt Hermann Dümig eines Tages seinen Mitbruder beiseite: »Kannst du mir nicht beim Übersetzten russischer Texte helfen?« Gerne sagt Pater Engelmar zu.

Der Bittsteller weiß natürlich nicht, dass P. Engelmar von sich aus längst Kontakt zu den jungen Häftlingen aufgenommen hat. Einer von ihnen ist Igor, immer wieder darauf bedacht, seinen »Freund« mit kleinen Liebesbeweisen zu bedenken. An diesem Morgen trifft er Hubert ohne Brille an, ein Bügel des Metallgestells ist über dem rechten Ohr abgebrochen. »Nix schlimm, ich reparieren«, tröstet der Junge seinen »Popen«, mit dessen Freundschaft er vor seinen Stubenkameraden angibt. Gegen Abend hat der Kleine mit etwas »organisiertem« Draht die Brille geschickt geflickt. Dass ein Stück Brot in die Tasche von Igor wandert, ist für P. Engelmar mehr als selbstverständlich. Bisher hat er grundsätzlich alle Esswaren, die er von seiner Familie und von den Mariannhillern erhalten hat, mit anderen geteilt. Nun teilt er seinen Mangel.

Für Hitler hat das Jahr 1942 gar nicht schlecht angefangen: Nie war seine Macht größer als in diesem Sommer. Nicht nur, dass deutsche Soldaten bis zum Elbrus vorgestoßen sind, sie haben auch die britische Armee über die ägyptische Grenze zurückgedrängt. Der Gewinnung des »neuen Lebensraumes für das deutsche Volk« steht nichts mehr im Wege. Denn es gibt noch einen weiteren »Erfolg« zu verzeichnen: Die Vernichtung aller »Parasiten«, besonders der Juden, beschlossen bei der »Wannsee-Konferenz« am 20. Januar 1942, ist nun in greifbare Nähe gerückt: Das erste Vergasungslager war schon früher, nämlich Ende Dezember 1941, in Kulmhof in Betrieb gesetzt worden. Die Vernichtungsmaschinen von Belzec, Treblinka, Majdanek, vor allem auch Auschwitz-Birkenau, sind inzwischen voll ausgelastet und arbeiten pausenlos. Ab dem 22 Juli bringt täglich ein Eisenbahnzug jeweils 5000 Juden von Warschau nach Treblinka sowie von Przemysl nach Belzec.

Aber es gibt außer den Juden noch weitere »Volksschädlinge«, nämlich die Häftlinge in den Konzentrationslagern. Für sie hat man inzwischen »ein recht einfaches, aber sehr wirksames Mittel« gefunden, um sie loszuwerden: Sie sollen doch einfach verhungern! Während im Reich noch niemand darbt, werden die Essensrationen in den KZs so wirksam gekürzt, dass das Amt D III des SS-Wirtschafts- und Verwaltungshauptamtes, das für das Sanitätswesen und die Hygiene in den KZs zuständig ist, in seiner

Statistik vom 1. Juli bis 31. Dezember 1942 aufzeigen wird: Von 95 000 erfassten Häftlingen sind 57 503, immerhin fast 60 Prozent, in diesem Zeitraum verstorben.

Das Essen ist nicht nur nicht ausreichend, sondern oft so schlecht, dass es einfach ungenießbar ist. Päckchen und Pakete mit Nahrungsmitteln sind längst verboten. Kein Wunder, dass sich in diesen Tagen alles nur noch ums Essen dreht. »Ich habe gehört, in der Lagerkantine soll es Miesmuscheln zu kaufen geben, die die SS nicht will, weil sie angeblich nicht mehr frisch sind«, hört Unzeitig eine Stimme, als er auf dem Abort ist. Dieses »stille Örtchen« ist zu einem regen Umtauschplatz von Informationen geworden. Hierhin flüchten sich die Häftlinge, wenn sie nicht mehr können, um wenigstens ein wenig Zeit herauszuschinden. Jene Priester, die weit entfernt auf den Feldern arbeiten, können so manchmal bis zu einer halben Stunde Zeit vertrödeln und sich erholen. Hier erfährt man auch, dass es auf dem »Schwarzmarkt« hin und wieder eine Scheibe Brot zu kaufen gebe, für 20 Mark das Stück für den, der es sich leisten kann. Aber nicht viele sind so reich, Pater Engelmar, der ja immer teilt, erst recht nicht.

Der Hunger tötet leise, zuerst polnische Mitbrüder, dann deutsche. Beim »Abendessen« erzählt sein sonst so optimistischer Freund Hans Fasel Engelmar, dass heute der Luxemburger Jesuit Esch auf der Plantage bewusstlos zusammengebrochen sei. Alois Langhans, den er ja kenne, weil er aus der Tschechoslowakei stamme, habe ihn auf seine Schubkarre gepackt und ins Revier gebracht. Esch stirbt zwei Tage später, nur einer von vielen Priestern, die in diesem Sommer durch den Tod von ihren Qualen erlöst werden.

Auch Hubert Unzeitig leidet sehr unter dem Hunger. Seiner Familie teilt er mit, selbstverständlich habe Walter auch schon Herrn Hlad – das tschechische Wort für Hunger – kennen gelernt. Im Juni schreibt er nach Hause: »Sicher hat Gott Euer Gebet auch für Walter erhört, der schwere Zeiten zu durchkosten hat. Er meinte unlängst, wäre Marie noch bei ihm, hätte sie nicht mehr halb so viel Arbeit, nicht so viel herzurichten, zu reinigen usw. Dass er schon gut mit der Hälfte zufrieden ist, so bescheiden ist er geworden. Hoffentlich hält er gesundheitlich durch.« Und dann der lt. KZ-Verordnung übliche Satz: »Bin – Gott sei Dank -gesund.« Im gleichen Brief findet sich auch die Bemerkung: »Wie gerne möchte Walter jetzt sicher die Hl. Schrift, Brevier und andere Bücher lesen, doch kommt er, wie ich erfuhr, kaum mehr dazu.« Das ist nicht nur eine Anspielung auf die Fronarbeit und auf seine geschwächte Gesundheit, sondern vielleicht auch darauf, dass er sich freiwillig noch weitere Aufgaben aufgeladen hat, sich nämlich, wo immer er kann, um die Russen zu kümmern.

Die Häftlinge essen alles, nur um ihren Hunger zu stillen: Gras, Blätter, Lauch. Besondere Gottesgaben sind Löwenzahnpflanzen, die manchmal am Rande des Weges stehen. »Weißt du, ich schäme mich richtig, aber ich kann nur noch daran denken, wie ich meine elementaren Bedürfnisse befriedigen kann. Das ist so geistlos, dass es direkt lächerlich wirkt«, vertraut ein junger Kaplan einmal P. Engelmar an. Dieser ist seiner Gewohnheit treu geblieben, sich wichtige Stellen aus dem von A. M. Nailis verfassten Buch »Werktagsheiligkeit« aufzuschreiben, das er in der Lagerbibliothek gefunden hatte. Notiert und ganz dick unterstrichen hat er sich die Aussage: »Der Werktagsheilige gibt nicht nur von seinem Überfluss, sondern auch unter persönlich schweren Opfern.« P. Engelmar seufzt ein bisschen, nicht nur vor Hunger und Müdigkeit: Die von jedem Christen anzustrebende Heiligkeit, eben die »Werktagsheiligkeit«, ist zwar sein Ideal, aber doch nicht so einfach zu erreichen…

Immer mehr Priester brechen zusammen. Wenn sie nicht direkt in Dachau sterben – Hungerruhr und Hungerödeme gehören in diesem Jahr fast zu den normalen Krankheiten – werden sie auf »Invalidenmarsch« geschickt. P. Engelmar berichtet über Walter in einem Brief nach Hause: »Einige seiner Kameraden sollen schon in die Ewigkeit hinübergegangen sein. Gott hat ihr Lebensopfer angenommen. Sein heiliger Wille sei gepriesen.« Im Gebet wird er immer wieder ruhig – im Gedanken daran, dass Gott der liebende Vater ist, der für ihn sorgt, der ihn bewahrt und beschützt und dessen heiligen Willen es zu erfüllen gilt: »Vater, was willst Du, dass ich tun soll? Nimm mich an als Dein heiliges Werkzeug.« Schon bald wird Gott ihm eine neue Aufgabe zeigen...

Jetzt sind Übersetzer gefragt

In den letzten Wochen hat ein polnischer Rechtsanwalt – der das Deutsche gleich gut wie das Russische beherrscht – bereits eine Reihe von Gebeten übersetzt. Später folgen noch Gedanken aus der Nachfolge Christi und Texte aus dem Katechismus. Auch Pater Engelmar beteiligt sich fleißig daran, Kopien anzufertigen und sich in jeder freien Minute in der russischen Sprache zu vervollkommnen.

Der Dresdener Alfons Duschack hat eine Abhandlung geschrieben, wie man sich Frauen gegenüber verhalten soll, ein kleines Aufklärungsbuch über Sexualität. Ins Russische übersetzt werden diese Abschriften – auch dies wieder eine zusätzliche Aufgabe für P. Engelmar – bald zum heimlichen Bestseller unter den jungen Erwachsenen im Lager. »In diesem Buch steht das, was wir schon immer wissen wollten«, sagt Androsch und küsst P. Engelmar dankbar die Hand, wie es in seiner Heimat gegenüber den Popen Brauch ist.

Je mehr Kontakt er hat, desto eifriger ist der Mariannhiller dabei, seine russischen Sprachkenntnisse zu verbessern, hat er doch – früher eher ein Gedanke – jetzt ganz fest vor, sofort nach Beendigung des Krieges seine Oberen zu bitten, als Missionar in die UdSSR gehen zu dürfen. Hat Abt Franz Pfanner nicht auf dem Balkan angefangen, bevor ihn Gott nach Südafrika führte? Und würde der Marxismus-Leninismus nicht ebenso einmal zugrunde gehen, so wie jetzt der Nationalsozialismus zum Scheitern verurteilt ist? Stehen die slawischen Völker, die im Laufe der Geschichte so unendlich viel haben leiden müssen, dem Vatergott nicht besonders nahe? Engelmar Unzeitig hat es sich längst zur Gewohnheit gemacht, besonders für die Russen hier im Lager, aber auch für das gesamte russische Volk zu beten.

Pfarrer Hermann Dümig macht durch das wiederholte Abschreiben der russischen Texte ebenfalls Fortschritte. Sein Wortschatz erweitert sich erstaunlich schnell. An diesem milden und sonnigen Oktobertag kommt er geradezu strahlend auf Pater Engelmar zu, seinen treuesten Bundesgenossen, wenn es um die Arbeit bei den Jungen geht. Die Freude auf dem Gesicht des Priesters beeindruckt Engelmar, der eigentlich andere nur dann sehr aufmerksam beobachtet, wenn er das Gefühl hat, er werde gebraucht: »Du siehst ja aus, als ob du das große Los gezogen hättest«, lächelt er ihn an. »Wenn Du wüsstest, auf was ich gestoßen bin«, lässt Dümig Engelmar weiter rätseln – die beiden kennen sich schon von ihrer gemeinsamen Studienzeit in Würzburg her, da kann er sich erlauben, die Spannung auf den Höhepunkt zu treiben. Aber dann kann er sich doch nicht mehr länger beherrschen: »Stell Dir vor, was der kleine Michail mir gebracht hat. Ein Wörterbuch, eine

Psalmensammlung in Altslawisch, und – hier macht Dümig noch einmal eine Kunstpause – das Neue Testament!« Nun strahlt auch Hubert. Später hört er, dass der Besitzer dieser religiösen Kostbarkeiten »auf Transport« gegangen ist. Er denkt dankbar an ihn und spricht leise für ihn die Totengebete.

Kontakte mit russischen Jugendlichen

Die meisten »Erwachsenen« unter den Russen haben die längste Zeit ihres Lebens in der Roten Armee gedient und sind danach bereits durch verschiedene deutsche Kriegsgefangenenlager gegangen, bis sie endlich in Dachau angekommen sind. Daneben gibt es die zahlenmäßig sehr große Gruppe der »jungen Ukrainer«. Als Heranwachsende, oft noch halbe Kinder, sind sie als Fremdarbeiter nach Deutschland gebracht und wegen eines mehr oder minder schweren Delikts oder einfach wegen fehlender »Subordination« im KZ gelandet. Diese Jungen von 15 oder 16, die vielleicht schon mit 12 oder 13 Jahren ihren Eltern weggenommen worden sind, entwickeln erstaunliche Fähigkeiten zum Überleben. Instinktiv tun sie alles, um in Dachau nicht unterzugehen. Dieser unbedingte Lebenswille führt auch dazu, dass sich sowohl die Stuben- als auch die Blockältesten der »Lieblinge« bedienen: Halb Diener, halb Leibgarde sind sie für viele Kapos geradezu unentbehrlich geworden. Diese schamlos sexuell ausgebeuteten Knaben – gut genährt mit der Möglichkeit, zum Schutz ihrer Kapos meist in deren Nähe und damit in der Wärme zu bleiben –, nutzen ihre Vormachtstellung in einer Welt, in der nur der Stärkste überleben kann, skrupellos aus.

Juri gehört nicht zu diesen Starken. Er wird beim Stehlen erwischt und endet in der Stehzelle, dem gefürchteten Bunker. Schluchzend vertraut er sich Engelmar an, »dem Popen, der unsere Sprache spricht.« Er habe die ganze Zeit immer nur Angst gehabt, am meistens, wenn ihm Essen gebracht wurde: »Ich fürchtete mich die ganze Zeit, es war dunkel, feucht und kalt. Wenn das Essen kam, zwang mich der SS-Offizier, auf allen Vieren zu gehen und wie ein Hund zu bellen oder zu grunzen!« Er habe ihn als »räudiges russisches Schwein« beschimpft und ihn, wenn er nicht zufrieden gewesen sei, mit der Peitsche geschlagen. Ganz leise fügt er hinzu, sodass er kaum zu verstehen ist: »Ich habe den guten Gott immer wieder gebeten, mich sterben zu lassen. Aber er hat mich nicht gehört.« Was kann Hubert diesem jungen Menschen schon sagen? Wie kann Juri den Sinn des Schmerzes verstehen, dieses große Geheimnis, über das Engelmar in dunklen Stunden immer wieder nachgrübelt, wenn er sich fragt, wie ein gütiger Vatergott dieses Übermaß an Leiden zulassen kann. Liebevoll drückt er diesem misshandelten Jungen die Hand.

Auf dem Krankenrevier

Die wahre und große Liebe nimmt dem Tod seinen Schrecken, diese Liebe zeigt gerade im Tod ihre siegreiche Zärtlichkeit
P. Gabriel Busch OSB

Kein Tag ohne Hunger. Bei den Häftlingen führt der Nahrungsentzug zu Schwellungen und Ansammlungen von Wasser im ganzen Körper – in Armen, Händen und Kopf, es sind die so genannten Hungerödeme. Eine Folge davon ist der Dauerdurchfall. Wenn das Wasser das Herz erreicht hat, stirbt der Kranke. Die Ödeme können auch eitern, dann sprechen die Pfleger von Phlegmone. Die Folge: Die Patienten verfaulen langsam.

Manche Krankenpfleger tun in dieser Situation, was sie können, die meisten tun aber nichts. Die Kranken, die keinerlei Beziehungen haben, liegen irgendwo im obersten der drei Stockbetten, dort, wo man sich nicht aufrichten kann, will man sich nicht den Kopf an der Decke der Baracke stoßen. Der Leidende braucht seine letzte Kraft, um den Krankenpfleger zu rufen. Diese hier fast allmächtige Person, die im wahrsten Sinne des Wortes oftmals über Leben und Tod entscheidet, muss er um etwas Wasser anbetteln, das dann mehr oder weniger gnädig in einen verbeulten Becher geschüttet wird, den die fieberheiße Hand zitternd entgegennimmt. Dieser Mann hier, ein Arbeiter aus dem Elsass, der zum Krankenpfleger avanciert ist, gilt als einer der besten, er ist nämlich geradezu menschlich. Die meisten Pfleger waren, bevor sie nach Dachau kamen, aufgrund von Kriminaldelikten verurteilt worden. Für viele von ihnen eine gute Gelegenheit, hier auf dem Krankenrevier ihren Hass auf die Menschen auszuleben

Lukas hat innerhalb der letzten halben Stunde dreimal nach der Schüssel gerufen, seine Laken hat er im Laufe des Tages zweimal eingenässt. Jetzt liegt er nackt auf der stinkenden Matratze. Heute Morgen hat ihn niemand davon abhalten können, den so genannten »Kaffee« in sich hinein zu kippen. Nun wimmert er nur noch leise vor sich hin. Dann schreit er wieder mit seiner immer noch kräftigen Stimme nach der Bettpfanne. Aber sie kommt nicht. Daraufhin rinnt es an den mageren Beinen bräunlich und fürchterlich stinkend herunter. Mit einer letzten Kraftanstrengung bäumt der Kranke sich auf, fällt mehr als er klettert von seinem beschmutzten Lager, versucht ein paar Schritte zu gehen, dann stürzt er zu Boden. Am Abend wälzt sich bereits ein neuer Kranker auf dem blau-weiß gestreiften Laken. Lukas ist bereits seit einigen Stunden tot. Eine Ziffer mehr in der Statistik des Todes.

Gottes Kinder – waren oder sind sie es noch?

Sich kümmern kann viel Kummer machen, aber es ist die Frucht wahrhaftiger Liebe.

Am späten Nachmittag hat Nikolai seinen »Popen« erwischt: »Bitte, bitte, Du musst ganz schnell zu meinem Freund Androsch kommen, er ist schrecklich krank, weil er furchtbar verprügelt worden ist!« Verzweifelt, aber gleichzeitig auch unendlich vertrauensvoll, schaut er P. Engelmar an. Als dieser endlich nach dem Abendappell unauffällig verschwinden kann, ist Androsch zwar schon ins Krankenrevier gebracht worden, aber was liegt dem Kapo schon an einem jungen Russenbengel?

Als der Mariannhiller Pater, begleitet von Nikolai, der total aufgelöst wirkt, Androsch auf einer Pritsche liegend findet, schreit dieser wie ein verwundetes wildes Tier. Die schmerzstillenden Medikamente, die Unzeitig von Blaha bekommen hat und ihm nun einflößt, wirken ebenso wenig wie der Absud aus der »Kräuterapotheke«, zubereitet von einem polnischen kräuterkundigen Geistlichen aus Heilpflanzen der Plantange. Spät am Abend schleicht sich Engelmar noch einmal zu ihm. Das hohe Fieber, entstanden durch die schrecklichen Wunden, will einfach nicht weichen. Aber jetzt ist dieser gemarterte Jugendliche ganz still. Ungesunde rote Flecken entstellen das immer noch hübsche Gesicht.

P. Engelmar setzt sich behutsam zu ihm auf die Pritsche. Nikolai und zwei seiner besten Freunde halten an der Tür Wache; der Kapo würde den Pater sofort anzeigen, wenn er von diesem streng verbotenen Besuch wüsste. Der Mariannhiller, der sonst instinktiv und so gut es geht, jede körperliche Berührung vermeidet, nimmt die zuckende total verarbeitete Jungenhand, umschließt sie mit seinen beiden Händen. Androsch spürt – fast schon bewusstlos –, dass diese letzte Zärtlichkeit etwas anderes ist als ein widerliches Vorspiel der üblichen Perversionen. Für einen Augenblick scheint er in P. Engelmar den Popen seines Freundes zu erkennen.

Was kann ein Priester einem so jungen Menschen am Ende seines noch nicht gelebten Lebens sagen? »Vergib uns unsere Schuld, wie auch wir vergeben unseren Schuldigern« – hier stockt er und gerät ins Grübeln. Wie kann man diesen Bestien in Menschengestalt vergeben, die diesem jungen Menschen solche Schandtaten angetan haben? Aber sind sie nicht auch einmal Kinder Gottes gewesen, bevor sie in die Hände Satans fielen? P. Engelmar ist übermüdet. Heute findet er keine Antwort auf die Frage, wie Gott all dieses Leid hier zulassen kann. Von Gott zugelassenes Leid, um Christus immer ähnlicher zu werden, in ihm die Vollendung zu finden? Aus Liebe zu Ihm sogar anzustreben, das Leid freiwillig auf sich zu nehmen? Ja, kann Gott überhaupt hier, unter all diesen Teufeln in Menschengestalt, gegenwärtig sein?

P. Engelmar öffnet die Augen, findet in die Gegenwart zurück: »Sondern erlöse uns von den Übeln«, betet er nun halblaut auf Russisch, erteilt dem Jungen die Absolution und spricht dann von Maria, der himmlischen Mutter, die genau wie seine Mutter daheim, darauf wartet, nun ihr geliebtes Kind in die Arme zu nehmen. Am nächsten Tag tröstet er, so gut er kann, den über die Maßen traurigen Nikolai.

Hungern ohne Ende

Brot ist wichtig, die Freiheit ist wichtiger,
am wichtigsten sind die ungebrochene Treue
und die unverratene Anbetung.
P. Alfred Delp, hingerichtet 1945

Viele der Priester sind in diesem Hungersommer so schwach, dass sie Wasser in den Beinen haben. Das heißt, sie können nur noch mühsam gehen, keine Treppen mehr steigen, bald auch nicht mehr deutlich sehen. Die Lungen arbeiten nicht mehr richtig, das täglich befohlene Singen wird immer mühsamer. In gleichem Maße nehmen aber auch die geistigen Kräfte ab. Diejenigen, die an der heiligen Messe noch teilnehmen können, feiern sie sitzend oder liegend mit.

Wo der Wille zum Leben erloschen ist, hat es der Tod umso leichter. Von den 255 deutschen Priestern sterben in diesem Jahr 55, die Zahl der Opfer unter den polnischen Priestern und Ordensleuten ist weitaus größer – am Ende des Jahres werden es in Dachau insgesamt 800 Hungeropfer sein. Häftlinge, deren Seele die Leiden nicht mehr aushält und die psychische Reaktionen zeigen, sterben besonders schnell: Sie werden in eine vergitterte Zelle in Block 7 gebracht, und sobald diese voll ist, durch Injektionen getötet.

Wie groß die Not ist, lässt Pater Engelmar in einem Brief vom 25. Juli wissen: »Hoffen wir, dass Getreide und Obst doch noch in etwa gute Ernten bringen, damit das Hungergespenst doch wieder beschworen werde und Gott sich auch derer erbarme, die bei jedem Bissen Brot auf andere angewiesen sind.« Vorher hatte er von Walter berichtet, der unlängst gemeint habe, wenn es das Vertrauen auf Gott nicht gäbe und die Gewissheit, dass Gottes Weltregierung nicht sinn- und herzlos sei wie die mancher Menschen, müsste man wahnsinnig werden, fährt aber dann fort: »Auch hinter schwersten Opfern und schwerstem Leid steht Gott mit seiner Vaterliebe und ist zufrieden mit dem guten Willen seiner Kinder, um sie und andere glücklich zu machen.« Dieser Gedanke tröstet Engelmar.

Aber noch geht der Hunger weiter um und findet immer neue Opfer. Schlimm trifft der totale Mangel auch Josef Bechtel, früher Pfarrer in Niedermendig, der voller Verzweiflung immer wieder einmal in den Kartoffelschalen wühlt. Bald ist er so abgemagert, dass er kaum noch den dreimaligen täglichen Marsch zum Appellplatz bewältigt: Den Körper voller Wasser, nasse Phlegmone an den Beinen, aus denen ständig Blut und Eiter fließt... Noch bewahren ihn die Mitbrüder davor, aufs Krankenrevier gebracht zu werden, denn sie alle wissen, dass in dieser Zeit die Ärzte vor allem die Priester für medizinische Experimente benutzen. Als es schließlich so weit ist, dass der Tod des Geistlichen unabwendbar erscheint, tragen ihn seine Mitbrüder in die Kapelle, dort empfängt er die Krankensalbung, segnet noch einmal die ihn Umgebenden und empfängt ihren Segen. Kurz nach seiner Aufnahme ins Revier, am 12. August 1942, ist Pfarrer Bechtel tot.

Ganz bewusst stirbt auch Josef Zilliken, ehemaliger Pfarrer in Wassernach im Bistum Trier. Er ist körperlich bereits so geschwächt, dass er es nicht mehr schafft, schnell genug in seine Kleider zu fahren, als eine Gruppe der Männer, die im großen Baderaum geduscht haben, den Befehl bekommen, den Raum zu verlassen. Da gibt der Blockälteste Zilliken eine Ohrfeige, der sich daraufhin aufrichtet, dem Schläger, der selbst einen verkrüppelten Arm hat, in die Augen schaut und ruhig sagt: »Robert, danke Gott, dass du versehrt bist. Dich schlage ich nicht.« Nach diesem letzten Kraftakt muss der mutige Mann ins Revier gebracht werden. Vorher verabschiedet er sich von seinen Mithäftlingen, nachdem er die Sterbesakramente erhalten und zum Abschied noch einmal alle Mitbrüder aus seiner Diözese umarmt hat. Am 3. Oktober stirbt er als ein weiteres Opfer dieses Hungersommers.

Die Priester finden immer wieder Möglichkeiten, ihren Mitgefangenen die heilige Kommunion zu bringen. So gelingt es Pfarrer Jakob Ziegler, seinen jungen Mitbruder Leopold Arthofer, der im Mai mit einer Lungenentzündung im Revier liegt, zu besuchen und mit ihm religiöse Gespräche zu führen. Bevor er seinen Besuch beendet, lässt er seinem kranken jungen Freund jedes Mal den »Völkischen Beobachter« da, den er vorsichtig aus seiner Zebrabluse zieht, bevor er ihn sorgfältig auf das Bett legt. Behutsam entfaltet dann auch der Kranke die Zeitung, nachdem er sich vergewissert hat, dass ihn niemand bei dieser »Lektüre« beobachtet. Zwischen den Seiten, die das Lob Hitlers und seiner Schergen verbreiten, liegt klein und weiß das Heilige Brot, die konsekrierte Hostie. Was die Geistlichen in diesem schrecklichen Sommer jedoch nicht wissen: Die katholische Bevölkerung ahnt mehr, als dass sie es weiß, wie schrecklich ihre Priester unter Hunger leiden. Es schweigen auch nicht alle, wie beispielsweise Kreisleiter Heiliger im Eifelstädtchen Mayen, der »vorsorglich« seine vorgesetzten Behörden vom Unmut der Menschen in Kenntnis setzt. Als dann ab Herbst wieder Lebensmittelpakte geschickt werden dürfen, kommen aus so mancher Pfarrgemeinde Pakete an, oft mit dem echten Absender versehen. Es gibt auch Menschen, die Mut haben.

Trotz allen Hungerns und der damit verbundenen Schwäche nutzt P. Engelmar weiterhin jede freie Minute, um Russisch zu lernen.

Mit dem »deutschen Popen« über die Heimat sprechen

Manche Menschen haben ein Herz voll Liebe;
sie schenken sich selbst.
URSULA WAWROK

Die Zeit des Hungerns zieht sich endlos dahin. Für die Alten bitter, für die Jungen, vor allem jene, die noch wachsen, nicht zum Aushalten. Der Handel mit Brot wird zum Geschäft, wenn es auch mehr als schwierig ist, daran zu kommen. Etwas anderes lässt sich dagegen leichter als sonst organisieren: Kleider, den Toten abgenommen, lassen sich bequem über einander anziehen. Voller Staunen beobachtet P. Engelmar, wie ein junger Russe sich aus einem Essenkübel bedient und mit Kartoffeln vollstopft. Er lässt sie ganz einfach in seiner weiten Hose verschwinden, die mit einem Bindfaden unterhalb der Knie zugebunden ist. Als Gürtel dient ebenfalls ein etwas stärkerer Bindfaden. So prall gefüllt, wankt der Russe in seine Baracke zurück. Angst muss er nicht haben: Derjenige, der die Kontrolle durchführt, ist ein Kumpel, der natürlich seinen Anteil von der Beute bekommt. Nicht immer kommen die Russenjungen so gut davon.

Engelmar und die »jungen Wilden« aus den Wäldern der Tundra sind gute Freunde geworden. Es sind Jungen, manche noch richtige Kinder und noch voller Vertrauen, obwohl sie schon in die stalinistische Diktatur hinein geboren wurden. Einer von ihnen hat an seinen Armen einige kyrillische Worte eintätowiert, Worte, die ihm seine Mutter beim Abschied mit auf den Weg gegeben hat. Wo immer der Mariannhiller auftaucht, hat er bald einige Jungen um sich, die ihn bitten, ihnen zu erzählen, nicht nur von daheim, sondern manchmal auch von einem Gott, der gut ist und seine Kinder liebt. Als er gestern Nachmittag in der Plantage Katechese gab, musste er sich zusammen mit drei Jungen hinter einem großen Erdhaufen verstecken, um nicht aufzufallen. Für die jungen Burschen fast schon ein aufregendes Abenteuer!

Heute, als sich die Freunde wieder mit ihrem »Popen« treffen, macht Grigorij eine erstaunliche Geste. Ungeachtet aller Gefahren hat er eine Kartoffel gestohlen, die er seinem deutschen Freund nun feierlich überreicht. Inzwischen hat er alle Scheu verloren und spricht auch über sich selbst. Mit 14 kam er nach Deutschland, zur Zwangsarbeit auf einen Bauernhof im Allgäu. Dort sei es gar nicht so schlecht gewesen. Alle Arbeiter hätten am Wochenende einen freien Tag gehabt, sodass sie zum Tanzen hätten gehen können. Einmal habe es eine Schlägerei gegeben. »Die anderen haben behauptet, ich sei der Anstifter gewesen.« Am nächsten Tag sei er abgeholt und hierher nach Dachau gebracht worden. »Dabei habe ich doch gar nichts gemacht«, setzt er treuherzig hinzu. Dieser große Junge mit dem weiten Gewissen hat immer noch nicht verstanden, was eigentlich mit ihm passiert und wie es kam, dass er im KZ gelandet ist.

Es tut gut, einmal von sich selbst sprechen zu können. In der Gegenwart dieses stillen Deutschen, der ihre Sprache inzwischen ganz gut spricht, vergessen die jungen Burschen, dass sie ja eigentlich einem »Feind« gegenüberstehen. Mit ihm unterhalten sie sich über ihr Zuhause, ihre Felder, ihr Dorf, über Mutter und Freundin, über alles, was ihnen genommen worden ist – auch über ihren Glauben.

Als P. Engelmar es eines Tages wagt, das Kreuzzeichen zu machen, bevor er ein Stück Brot zu sich nimmt, wird diese Geste von den Jungen schweigend geduldet. Juri schaut ihn an und sagt : »Schau, was ich hier habe!« Er zieht seine bereits etwas durchlöcherte Jacke aus, um ihm ein orthodoxes Kreuz zu zeigen, das auf sein Schulterblatt eintätowiert ist. Ein kurzes Gemurmel, dann lassen auch einige andere ihre eintätowierten Zeichen des Glaubens an Gott sehen. Für sie ist der Pater zur Vertrauens- und Bezugsperson geworden. Er, der viel zu jung die Aufgaben seines eigenen so früh verstorbenen Vaters übernehmen musste, reift an diesen jungen Menschen weiter, tut alles, um ihnen priesterlicher Freund und Vater zu sein.

Ihren Glauben zu bewahren, die Erinnerung an daheim wach zu halten – das versuchen die jungen Leute auch mit einem anderen Brauch. Am Samstagabend gehen sie zwischen 8.30 und 9 Uhr zu Bett und dürfen am folgenden Sonntagmorgen sogar »ausschlafen«, das heißt, es wird erst um 5 Uhr geweckt. Die Nacht nutzen sie dazu, um sich ihrer Erinnerungen bewusst zu werden. Einer von ihnen beginnt eine Geschichte, eine Sage oder ein Märchen aus seiner Heimat zu erzählen. Dann ist der nächste an der Reihe; so geht es die ganze Nacht hindurch. Jeder schildert sein Dorf, spricht von seiner Heimat, manchmal sogar von seiner Familie, um das im Gedächtnis zu behalten, an das er sich kaum noch erinnern kann. Und manchmal summen und singen sie auch leise ihre wehmütigen Lieder…

Die ersten Pakete kommen

An diesem frühen Herbstabend weht es empfindlich kalt über die nun schon fast kahle Ebene. P. Engelmar hat sich zusammen mit seinem Freund Pfarrer Josef Albinger von der Plantage auf den Appellplatz und in die Stube geschleppt. Nun wird es ihm übel, alles dreht sich um ihn herum. Nur mit Mühe kann er sich gerade noch an der Tischkante festhalten. »Gottesmutter, beschütze mich«, betet er fast automatisch. Nur nicht krank werden!

Plötzlich wird die Tür zur Stube aufgerissen. Der umtriebige Emil Kiesel kommt, nein, stürzt herein und ruft. »Wisst Ihr schon das Neuste?« Nein, natürlich nicht. Eigentlich ist auch niemand an Neuigkeiten interessiert. Zu oft erwiesen sich diese später als »Latrinenparolen«, zu oft schon wurden falsche Hoffnungen geweckt – die jedoch auch immer wieder

Mut machen zum Leben, zum Weiterleben. In diesen Tagen, Wochen und Monaten des Hungerns dreht sich alles nur noch ums Essen, einfach darum: Wer weiß, wo es etwas gibt, das genießbar ist? Kaum jemand ist noch an anderen Dingen interessiert. Jeder ist müde, erschöpft, ausgelaugt, abgestumpft. Emil Kiesel lässt jedoch nicht locker. »Es dürfen wieder Pakete geschickt werden!« Schlagartig verstummt der Lärm. »Aber ab wann?« Die Mitbrüder umringen ihren »Draufgänger« . Und wollen von ihm wissen, woher er diese Information überhaupt hat. An diesem Abend wagen die Optimisten wieder zu hoffen.

Nach einigen Tagen treffen die ersten Pakete mit Esswaren in Dachau ein. Wie die SS dazu kam, diese Liebesgaben wieder zuzulassen, ist niemandem ganz klar. Die Amerikaner seien die Verursacher, sie würden keine Pakete für die Kriegsgefangenen genehmigen, wenn die Deutschen nicht auch Sendungen mit Nahrungsmitteln für die KZ-Häftlinge erlaubten, lautet eine Version. Eine andere: Die Gläubigen in den Gemeinden ließen es sich nicht mehr gefallen; es würden ihnen immer mehr Priester weggenommen, die dann in Dachau verhungerten. Weiter: Die SS habe kapiert, dass Hungernde nicht Sklavendienste leisten und für die Wehrmacht arbeiten könnten. Einige meinen auch, Lagerkommandant Hoffmann habe seine Hände dabei im Spiel gehabt, seine Frau sei schließlich katholisch…

Auf jeden Fall kommen ab November wieder regelmäßig Pakete. Nachdem Verwandte und Pfarrangehörige erfahren haben, dass Lebensmittel wieder geschickt werden dürfen, strömen viele gute Dinge ins Lager: Zucker, Süßwaren, Dörrobst, Fleisch- und Wurstwaren. Zuhause hat es bei P. Engelmars Familie offensichtlich durch seinen ersten Hinweis, es dürften wieder Nahrungsmittel geschickt werden, Missverständnisse gegeben, sodass er noch einmal um Esswaren bittet: Möglichst mit Fett, Eier und Zucker. Drei Kilogramm im Monat dürfe man schicken – später werden es fünf Kilogramm sein. Gleichzeitig hat er auch Angst, seinen Angehörigen zu viel zuzumuten: »Nehmt mir die Worte im letzten Brief nicht übel. Sie waren nur aus allzu lebhafter Sehnsucht eingegeben…«, schreibt er noch einmal am 1. November, um seinem empfindlichen Gewissen gerecht zu werden.

Natürlich behalten die meisten Priester die guten Gaben nicht für sich selbst – obwohl es auch Egoisten gibt: In jeder Stube stehen Kartons bereit, in denen die Lebensmittel gesammelt werden, die aufs Krankenrevier gebracht oder an andere Häftlinge verteilt werden. In diesen Tagen stehen schon morgens früh viele Häftlinge am Tor zu Block 26 und warten. Auch Hubert hat seine besonderen Kunden. Glücklich schreibt er nach Hause, nachdem er das erste Paket erhalten hat: »Ich sehe, dass wir hier in der Verbannung nicht vergessen sind.«

Am Heiligen Abend 1942 haben sich die Priester in der Kapelle versammelt. Ein kleines Kerzchen, zwei Tannenzweige. Damit will keine Feststimmung aufkommen. Jeder ist allein, jeder denkt an daheim. Bischof Kozal hält eine kurze Ansprache, in der er alle auffordert, zum Frieden in der Welt beizutragen.

Er spricht vom Frieden, nicht vom Sieg. Das schmeckt dem Kapo vom Dienst nun gar nicht! Er geht hinaus. Rumms, schmeißt er die Tür zu. Dann schreit er nach Kollegen. Schon bald grölen die Kerle, so laut sie nur können » Oh, Du lieber Augustin, Augustin … alles ist hin.« Dass sie mit diesen Reimen ihren eigenen Untergang besingen, ahnen sie in diesem Augenblick noch nicht.

Eine besonders widerliches Schauspiel hat ausgerechnet heute Morgen auf dem Appellplatz stattgefunden: Zwei Polen, die zu fliehen versucht haben, müssen unter Marschmusik an allen Häftlingen mit einem Zettel um den Hals »Ich bin schon wieder da« vorbeimarschieren bis zum Bad. Dort werden sie auf den Bock gespannt und mit 25 Doppelhieben halb totgeschlagen.

Die Priester haben in ihrer Baracke jeden Tisch mit einer Kerze geschmückt, jeder Tisch ist voller Gaben, heute haben alle zusammengelegt, damit niemand leer ausgeht. Trotz der alten Weihnachtslieder, die P. Engelmar gerne mitsingt, fühlt er sich seltsam niedergedrückt, nicht nur durch die schrecklichen

Ereignisse heute Morgen. Sein Blick fällt auf die Äpfel, die er gerne für das Festessen gespendet hat. Die Boskop stammen vom großen Apfelbaum, direkt auf der Wiese hinter dem Garten. Einmal hat er sich beim Raufklettern die Hose zerrissen. Die Mutter hatte nicht geschimpft und die Großmutter in Pohler sie kunstgerecht zusammen geflickt. Seine Mutter, der er so viel verdankt.... Hat er sie je wissen lassen, wie gern er sie hat? Heute, wo der Nacht gedacht wird, in der eine sehr junge Frau ein Kind gebar, den Heiland der Welt, macht er sich Vorwürfe. Hat er ihr überhaupt je seine Liebe und Dankbarkeit richtig gezeigt?

Einige hundert Kilometer weiter scheint Maria Cäcilia Unzeitig die Gedanken ihres »Huberts in der Ferne«, wie er jetzt seine Briefe immer häufiger unterschreibt, zu spüren. Sie denkt an ihren Sohn. Vorsichtig wischt sie sich mit einem großen Taschentuch – noch von ihrem Manne selig – ein paar Tränen ab und schnäuzt sich kräftig. Sie ist jetzt häufig traurig und mutlos. Warum muss Hubert in diesem Gefängnis sein? Ihr Sohn hat doch nie etwas Böses getan...

Seit einiger Zeit muss sie fast jeden Tag weinen, nicht nur wegen des Krieges und des Hungers. Der Arzt hat gemeint, sie habe es mit den Nerven. Dabei tut ihr die Brust so weh, manchmal muss sie sich im Bett aufsetzen, um überhaupt atmen zu können. Ihr Herz sei verbraucht, hatte der Doktor zu Marie gesagt – auch von Wasser in der Lunge hatte er gemurmelt und gedacht, sie habe es nicht gehört.

Wenige Tage später, am Silvesterabend, geht es in Dachau in einigen Baracken recht laut zu. Erst Gesang, dann Geigen und Gitarren, die zum Tanze aufspielen. Die Blockältesten haben nicht nur nichts dagegen, sondern machen sogar mit! Denn wo der Tod schon wartet, wird das Leben am lautesten und ausgelassensten gefeiert. Bezahlen für das bisschen Musik müssen die dafür Verantwortlichen mit ihrem Leben: Anfang Januar 1943 werden sie »auf Transport« in die Gaskammern geschickt.

Ein neues lebensbedrohendes Gespenst

Nachdem fast täglich Pakete eintreffen – oft mit Verspätung wegen Bombenangriffen oder Ausfällen in den Zugverbindungen – sieht es so aus, als ob wenigstens von den Priestern keiner mehr verhungern müsste.

Aber niemand hat mit einer neuen Bedrohung gerechnet: Eine Typhusepidemie bricht aus, der sogenannte »Hunger- oder Bauchtyphus«. Am 19. Dezember sind die ersten Fälle festgestellt worden, einen Tag später sind zwei Erkrankte bereits gestorben. Die Lagerleitung hat zunächst versucht, den Ausbruch der Seuche geheim zu halten. Doch vergeblich. Nun, Mitte Januar, liegen 1200 Mann auf den Quarantänestationen des Reviers. Am 25. Januar wird die Arbeit im gesamten Lager eingestellt mit Ausnahme von einigen Kommandos, die außerhalb des Lagerbereichs liegen. Die dort beschäftigten Häftlinge werden auch dort untergebracht.

»Du, ab sofort fallen die täglichen Zählappelle aus«, berichtet Langhans, der immer auf dem Laufenden ist, Pater Engelmar. Stattdessen werden zweimal täglich durch die SS in den Baracken Zählungen durchgeführt. Im Übrigen wird noch mehr Wert auf Ordnung und Sauberkeit gelegt, sofern überhaupt noch Steigerungen möglich sind. Allerdings: Die Toiletten sind in letzter Zeit in einem schlimmen Zustand gewesen; die Abortgruben sind nicht geleert worden, sodass sie überliefen. Ab sofort muss je ein Häftling bei jeder einzelnen Toilette Wache halten. Wehe, jemand verlässt sie nicht hygienisch einwandfrei!

Der Pole Jan Domagala, der getreue Statistiker des Todes, führt in diesen Monaten genau Buch über die Toten: Dezember: 364, Januar: 205, Februar: 221, März: 139. Allerdings wurden nicht alle Verstorbenen Opfer der Seuche. Weitaus größer als unter den deutschen Priestern – sie verloren sieben ihrer Mitbrüder – ist die Zahl der Opfer unter den Polen. Am 26. Januar 1943 stirbt Weihbischof Michael Kozal – der viele Jahre später von den polnischen Katholiken als Seliger verehrt werden wird.

»Pfaffen, jeden Strohhalm einzeln auflesen«

Es kann nicht anders sein, als dass es immer wieder Märtyrer in der Kirche gibt. Denn sie muss ja ihr Zeugnis für Christus den Gekreuzigten nicht nur leben, sie muss das gelebte Zeugnis greifbar werden lassen. Keiner nimmt mir das Leben, ich gebe es selber her. Es ist der freie Tod, und alle Gewalt, die ihn schafft, ist nur der heimliche Kunstgriff Gottes, der die Möglichkeit höchster Freiheit schafft, einer Freiheit, die sich der Mensch, der sie nicht an sich reißen darf, andere gar nicht sehen lassen kann … Kein Wunder, dass es immer wieder Christen im Laufe der Kirchengeschichte gegeben hat, die sich nach dem Martyrium sehnten und Gott um diese große Gnade baten. Kein Wunder, dass die Märtyrer die ersten Heiligen der Kirche waren.

Karl Rahner

An diesem Wintermorgen 1943 weht der Wind schneidend über die bayrische Hochebene. Das Thermometer hat um 5 Uhr minus 25 Grad angezeigt. Und gerade heute zieht sich der Morgenappell wieder einmal endlos in die Länge. Pater Engelmar fühlt sich trotz seiner sorgfältig gestopften Socken so, als ob seine Beine schon Eisklumpen seien, die allmählich mit dem Schnee unter seinen Füßen zusammenfrieren. Endlich das erlösende Kommando des Blockältesten. Zum Entsetzen aller brüllt er jedoch: »Pfaffen, marsch zum »Krätzeblock« und die Straße sauber machen!« Offensichtlich – Hubert weiß nichts Genaues – war wieder einmal ein »Transport« aus dem Krätzeblock abgegangen, also in den Tod geschickt worden. Jetzt liegt die Straße voller Säcke, aus denen das alte vergammelte Stroh heraus quillt. »Pfaffen, jeden Strohhalm einzeln auflesen« lautet der nächste Befehl. Hubert bückt sich schweigend. Sein tägliches Stoßgebet »Herr, Dein Wille geschehe«, gelingt ihm heute nur sehr mühsam.

Der Gedanke, dass ein SS-Mann zwar die Macht hat, einen menschlichen Körper zu zerstören, aber nicht die Macht, die innere Freiheit, den Glauben an Gott und damit an das Leben zu vernichten, tröstet ihn zwar ein wenig, aber dann sieht er etwas weiter vorne den alten Pfarrer Leo Binder aus der Freien Prälatur Schneidemühl, der gebückt mühsam die Halme aufklaubt. Kaum hat der alte Mann sich aufgerichtet, um seine erstarrten Finger anzuhauchen, kommt der Kapo angerast und fällt wie ein Berserker über ihn her. »Du alte Pfaffensau«, schreit er und reißt den Greis zu Boden, dann tritt er heftig auf den sich vor Schmerz krümmenden Körper ein. P. Engelmar wird es schwarz vor Augen. Jetzt nur nicht schwach werden. »Gottesmutter, schütze und bewahre ihn«, flüstert er vor sich hin. Denn auch Priester sind nicht sicher vor dem gefürchteten Abtransport und damit dem sicheren Tod: Schon unterwegs durch einen Schlag oder eine Kugel, am Zielort in der Gaskammer. Einzelne Kapos aber wagen viel, um »ihre Pfaffen« zu schützen.

Einmal hat ein Kapo einen Priester, der krank im Revier lag, dadurch vor Transport und Tod gerettet, dass er dem Lagerarzt gegenüber treuherzig erklärte, Pfarrer Schneider sei ein so tüchtiger Arbeiter, auf den er einfach nicht verzichten könne! Auch P. Kentenich wurde von seinem Kapo vor diesem Schicksal bewahrt. Der Mariannhiller schließt die Augen und sieht wieder das Bild vor sich, nachdem der »Invalidentransport« zusammengestellt worden war: Tausend Menschen, die an ihnen vorbeizogen. Schweigend gingen sie in den Tod.

Kräftige Kost für die Seele

Für P. Engelmar ist es eine besondere Freude, dass es nun, wie vor Beginn des Arbeitseinsatzes im Frühjahr 1942, wieder gemeinsame Gebete im Priesterblock gibt. Morgens, direkt nach dem Zählappell in den Baracken, rezitieren die Geistlichen die Prim, es folgt eine Bet-Sing-Messe; am Nachmittag wird die Vesper gebetet.

Eines Tages flüstert ihm sein Tischnachbar zu: »Du, Pater Kentenich hält jetzt fast jeden Tag Vorträge für alle, die daran teilnehmen wollen.« Und ob er will! Aber genau wie er denken viele Mitbrüder. Bald tauchen die ersten Schwierigkeiten auf: Es gibt einfach zu viele Priesterhäftlinge, die die Referate dieses bekannten und beliebten Exerzitienmeisters hören wollen. Den Kapellenraum dafür freizugeben, erscheint aber Lagerkaplan Dr. Ohnmacht dann doch zu riskant. Aber der kommunistische Stubenälteste, Hugo Guttmann, den Priestern und besonders dem »Pater« zugetan, hat ein Einsehen: P. Kentenich darf seine Vorträge in seiner eigenen Stube 26/4 halten.

Als Unzeitig am 1. Februar 1943 die Tür zum Raum öffnet, nimmt es ihm fast den Atem: Etwa 100 Männer drängen sich um den unscheinbaren Mann, der jetzt mit nicht gerade kräftiger Stimme in einem unverkennbar rheinischen Tonfall vom apokalyptischen Priester im Lichte der christlichen Offenbarung und der Geschichtstheologie spricht. In seinen Vorträgen, geht es um die »priesterliche Werktagsheiligkeit« als der Lebensform und dem Lebensstil des Priesters in dieser Zeit. Dabei geht es ihm bei all seinen Ausführungen darum, das bisher vorwiegend bürgerlich geprägte Priesterbild zu überwinden und an dessen Stelle ein neues Ideal des Priesters zu setzen, der »sich als christlicher Existentialist total als Werkzeug der göttlichen Vorsehung gebrauchen lässt«, notiert sich Hubert hinterher. Diese Gedanken, die seinem eigenen Ordensideal so sehr entsprechen, sind ihm längst vertraut. Um sich immer wieder darin neu zu vertiefen, liest und notiert er doch immer wieder die für ihn wichtigen Sätze aus dem Buch »Werktagsheiligkeit«, das er in der Lagerbibliothek gefunden hat.

Neben deutschen Priestern halten auch Mitbrüder Vorträge, die aus Italien, Frankreich, Belgien und Luxemburg stammen und vielleicht andere Formulierungen gebrauchen, aber immer auch über die Heilige Schrift, über Kirchenväter oder große Theologen sprechen. Ein evangelischer Pfarrer referiert im Sinne der Ökumene über den verbindenden Inhalt der evangelischen Kirchenlieder; der spätere Metropolit von Dimitrias, Damaskinos Chatziopolos, über das Mysterium der Osterliturgie. Abgeschlossen werden die Vorträge und Referate stets mit dem Vaterunser und dem Zusatz: »Denn Dein ist das Reich, die Kraft und die Herrlichkeit in Ewigkeit. Amen.«

Ein Telegramm für Unzeitig

Jeden freien Augenblick versucht Pater Engelmar zu nützen, um sich um seine »Russenjungen«, die ja in der Mehrzahl Ukrainer sind, zu kümmern. Wie dankbar sind sie, wenn er ihnen etwas Essbares mitbringen kann! Doch manchmal drückt ihn auch der Gedanke, dass seine Familie daheim sich das, was sie ihm an Esssachen schickt, vom Munde absparen muss. Das will er auf keinen Fall! Haben die Mutter und seine Schwestern nicht schon genug Opfer für ihn gebracht? Seine Familie möge ja nicht nur an ihn denken, sondern auch für sich selbst sorgen, besonders auch für die Mutter, die ja wegen ihrer zerrütteten Nerven gute Sachen brauche, hatte er besorgt noch einmal am 24. Januar geschrieben.

Auch der schreckliche Winter 1943 geht vorbei. Die Deutschen sind vor Stalingrad gescheitert; Hunderttausende Soldaten, deutsche und sowjetische, sind bereits gestorben. Und immer noch geht das Morden weiter, aber auch das Sterben der Zivilbevölkerung. P. Engelmars Gedanken wandern immer wieder heim, nach Greifendorf, nach Mähren... Wie alle anderen Gefangenen auch, ist er über den Kriegsverlauf einigermaßen gut unterrichtet, weiß Bescheid, dass die feindlichen Bomber ganze Städte in Schutt und Asche legen. Die Opfer unter der Zivilbevölkerung nehmen zu, jeder bangt um seine Familie.

Um die Mutter muss sich Hubert keine Sorgen mehr machen. Als an diesem Märzmorgen Marie Unzeitig daheim in Greifendorf in die Küche kommt, um das Feuer anzumachen, erstarrt sie. Im Sessel, der jetzt immer ganz nahe am Ofen steht, damit sie es auch ja warm hat, sitzt die Mutter. Sie ist tot. Sicherlich schon seit gestern Abend, als sie noch allein in die Küche wollte, um sich einen Kaffee zu machen. »Tja, das Herz war ja schon lange einfach zu schwach. Und dazu noch die Nerven. Erstaunlich, wie sie es so lange ausgehalten hat«, meint der Arzt später gleichmütig, als er den Totenschein ausstellt. Wenn doch bloß Hubert hier wäre! Vielleicht kann er ja doch kommen, denkt Marie, die sich Dachau noch immer als eine Art Gefängnis für Priester vorstellt, trotz aller verdeckten Andeutungen, die in Huberts Briefen enthalten sind. Sie schickt ihm ein Telegramm, das Hubert am 4. März ausgehändigt wird. Wortlos macht er es auf, dann läuft er in die Kapelle. Hier lässt er seinen Tränen freien Lauf. Die Mutter, die ihm das Leben geschenkt und so große Opfer gebracht hat, damit er Priester werden und seinen Weg gehen kann, der ihn schließlich hierher gebracht hat, ist nicht mehr...

Als Marie seinen Brief mit Datum vom 21.März erhält, klingt Hubert sehr gefasst: »Wenn ich auch die

Mutter in diesem Leben nicht mehr sehen konnte, so ist es doch ein großer Trost für mich, dass Du, liebe Schwester, Deinem heroischen Entschluss treu geblieben und die Mutter bis zum Hinscheiden so gut gepflegt hast. Teile mir bitte Näheres über ihren plötzlichen Tod mit.« Und dann berichtet er ihr noch von einer großen Freude: »Es war mir die Gnade zuteil, auch hier für die liebe Mutter eine heilige Messe zelebrieren zu dürfen, zum ersten Mal nach bald zwei Jahren, welche Freude und welch inneres Glück! Das kannst Du Dir denken!«

In seinen nächsten Briefen geht er noch einmal auf die Mutter ein, von der er hofft, sie sei im Himmel und werde von dort aus helfen, gesteht aber auch: »Liebe Marie, Du sorgst Dich so um mich, dass mir der Verlust der Mutter hier, nachdem ich schon so lange von Euch getrennt bin, gar nicht so schwer zum Bewusstsein gekommen ist, besonders wenn man im Gewühl der Arbeit gar nicht recht zum Nachdenken kommt.«

»Leben wecken und Leben gestalten«

In diesen für ihn schweren Tagen, wo ihn der Kummer um die Mutter sehr niederdrückt, fühlt sich Pater Engelmar von der Persönlichkeit und Spiritualität Pater Kentenichs angezogen. In ihm findet er einen Menschen, der das lebt und ausdrückt, wohin seine eigene Sehnsucht geht. Auch er möchte Seelsorger sein, für die Seelen Sorge tragen! Gleichzeitig fühlt er sich in seiner Ordensgemeinschaft voll und ganz beheimatet und denkt dankbar und liebevoll an seine Mitbrüder, denen er ja auch immer wieder zu schreiben versucht. Er ist und bleibt ein Mariannhiller mit Leib und Seele.

»Gott will uns als lebendige Werkzeuge haben, um die kommende Welt zu ihm zurückzuführen.« Diese Aussage des Pallottiners trifft P. Engelmar im Kern seines Wesens. Was will er anders tun als Seelen retten? Ein Gedanke kommt wieder in ihm auf: Wird seine Mission später, so wie er es sich ersehnt, einmal Russland sein?

Jetzt in der Fastenzeit hat er öfter die Gelegenheit, den Vorträgen anderer Priester zuzuhören. Heute schlägt der Redner vor, die Priester sollten sich als Vorbereitung auf das Osterfest um die Haltung einer echt priesterlichen Gesinnung bemühen. Plötzlich wird die Tür zur Stube aufgerissen. »Block antreten zum Appell!« Als alle Blocks am großen Appellplatz versammelt sind, erfahren die Häftlinge: Die Quarantäne ist beendet, ab sofort wird auf allen Kommandos innerhalb und außerhalb des Lagers die Arbeit wieder aufgenommen. Dann das Kommando: »Sofort zur Arbeit ausrücken!«

P. Engelmars Blick fällt, als sie auf dem Appellplatz warten, auf Pfarrer Ludwig Bettendorfer. Dieser, die Güte selber, hatte im vorletzten kalten Winter seinen Pullover einem jungen Russen geschenkt. Die Strafe dafür war schrecklich. Alle Priester hatten davon erfahren – und für ihn gebetet, als er am 24. Februar

1941 auf den Bock gespannt wurde und 25 Schläge auf ihn niederprasselten.

Bettendorfer hat sich von diesen Wunden, die natürlich nicht heilen und immer wieder eitern, nie mehr ganz erholt. Unter den Mitbrüdern gibt es den einen oder anderen, der das Tun des Pfarrers missbilligt hatte, weil man auch »klug« sein und sich an die Vorschriften halten müsse, aber P. Engelmar kann ihn verstehen. Er riskiert ja ebenfalls sein Leben, wenn er sich um die jungen Russen kümmert und ihnen manchmal ein Stück Brot zusteckt!

In der Plantage hat der Mariannhiller oft mit Bettendorfer zusammen gearbeitet. Aber dann holt der überaus menschliche Kapo Jakob Koch aus Bullay den Pfarrprovisor – beide stammen aus dem Bistum Trier – ins »Matratzenkommando.« Zusammen mit anderen Häftlingen muss er nun von Block zu Block gehen, um die mit Stroh gefüllten Matratzen zu flicken.

Die Haltung der absoluten Geborgenheit in Gott, die er bei einigen seiner Mitbrüder spüren kann, versucht P. Engelmar sich so gut er kann anzueignen. Er folgert für sich: »Walter soll wohl mit seinen Kameraden noch mehr wachsen an Mitfühlen, Mitleid, Helferwillen gegenüber den armen Leidenden und Irrenden«, so in einem Brief an seine Lieben vom 19. April 1942.

Am 3. Mai geht er gegenüber P. Otto Heberling CMM noch einmal auf die geistigen Anregungen ein, die er in der Priesterbaracke in Dachau bekommen hat: »Bis ins Letzte kennen wir freilich Gottes Pläne nicht, immerhin muss er etwas ganz Besonderes vorhaben, außer Sühne und Erlösungsleiden für die Mitmenschen, da er den Engelmar mit so vielen Kameraden aus allen Gegenden des Reiches zusammenführt, die gegenseitige Erfahrungen austauschen, Anregungen geben und vor allem von Gott selber in harter Schule gebildet werden…«

Dunkle Gedanken

Nun steht dieses neue Dritte Reich vor uns, voll heißen Lebenswillens und Leidenschaft, voll unbändiger Kraft, voll schöpferischer Fruchtbarkeit. Wir Katholiken wissen uns als Glieder dieses Reiches und erblicken unsere höchste irdische Aufgabe in unserem Dienst am Reich… Um des Gewissens willen dienen wir dem neuen Reich mit allen unseren Kräften, mag kommen, was will.

KARL ADAM, THEOLOGE

Die Häftlinge in Dachau kommen kaum zum Nachdenken und Grübeln. Aber Pater Engelmar leidet doch auch darunter, dass er zu Hause, im Schönhengstgau, vermutlich immer noch als »Staatsfeind« betrachtet wird.

Pfarrer Emil Kiesel, der mit seinem ungestümen Temperament immer wieder einmal aneckt, legt sich eines Tages auch mit seinem jungen Mitbruder an. Der Mariannhiller, der sonst jeder ideologischen Auseinandersetzung aus dem Wege geht, muss sich sagen lassen: »Geben Sie doch zu, viele Geistliche sind richtige Duckmäuser und haben für Hitler gestimmt!« P. Engelmar schweigt verwirrt. Wie lange ist es eigentlich her, seitdem er im Führer den Retter des Sudentenlandes gesehen hat? Immer wieder quält er sich mit der Frage nach der »eigenen Schuld«, die ihn hierher ins KZ geführt hat. Er steht mit diesen Zweifeln, mit diesem mangelnden Selbstwertgefühl, nicht allein. Auch Rom meine, wir alle, die wir hier sind, seien nicht klug genug gewesen, um zu schweigen, heißt es unter der Hand bei den Geistlichen. Mit anderen Worten: Sie seien einfach »dumm oder zu naiv gewesen.« Sind die Priester der Baracke 26 wirklich »Märtyrer der eigenen Dummheit?« Diese Worte machen bitter, diese Gedanken tun weh. Ist dies also die Haltung der Mitbrüder draußen? Im Stich gelassen von der Kirche?

Aber wenn ein Kleriker wie Josef Plohar, dieser egoistische Nationalist, die Elite der Tschechoslowakei anführt, muss sich Engelmar dann noch wundern? An Josef Beran, den späteren Erzbischof von Prag, der so ganz anders ist, denkt er in der aufkommenden Verbitterung nicht. Hat er es sich nicht selbst zuzuschreiben, dass er wegen seiner unbedachten Äußerungen im KZ gelandet ist? Und noch schlimmer: Wie hatte er jemals so töricht sein können, an den Führer zu glauben und ihn sogar zu verteidigen?

Immer, wenn der Mariannhiller von solchen Gewissensbissen gequält wird, flüchtet er sich in die Kapelle – falls es seine Zeit erlaubt. Für ihn ist die Einsamkeit das Wichtigste. Nur in ihr lässt sich Gott erfahren. Hier begreift er, dass Gott ganz konkret unter ihnen lebt, alle Leiden der Häftlinge zu seinen eigenen macht.

Beim Gebet scheint P. Engelmar fast ein anderer zu sein. Diesen Eindruck gewinnt zumindest der Steyler Missionar Franz Dabeck, wenn er dort seinen jungen Mitbruder beobachtet. »Heilig, Gott geweiht, unberührt«, geht ihm durch den Kopf. Gleichzeitig denkt er an seine eigenen Schwächen und Unzulänglichkeiten und ist gar nicht so zufrieden mit sich.

Die Zweifel über die eigene Schuld werden bei vielen Priestern jäh wiederbelebt und weiter bestätigt, als ein kürzlich eingelieferter Ordensoberer noch einmal erzählt, ein hoher römischer Monsignore, der von sich behaupte, er kenne sich bei den Deutschen genau aus, habe ihm wortwörtlich gesagt: »Alle Priester, die im KZ sitzen, sind durch ihre eigene Unklugheit und Dummheit hineingekommen!«

Und dann die ewige Frage: Wie kann Gott dem Satan solche Macht einräumen? Warum müssen Tausende Unschuldige leiden? Auch Pater Engelmar vermag das ewige Rätsel nach dem Sinn des Leidens nicht zu lösen. Wo ist in dieser destruktiven Welt Gott? Ist Gott, wenn auch versteckt, tatsächlich auch in Dachau? In seiner Niedergeschlagenheit sagt er sich immer wieder das Verschen vor, das zum Sinnbild seines Vertrauens in Gottes Liebe geworden ist: »Gott ist Vater, Gott ist gut, gut ist alles, was er tut.« Ist es nicht unsere Aufgabe, alles zur Ehre Gottes zu tun – und für unsere Mitmenschen da zu sein, ihnen zu dienen? Immer wieder liest er auch in seinem Lieblingsbuch »Werktagsheiligkeit« nach und schreibt Anregungen daraus ab, die er nach und nach verinnerlicht.

Über den Sinn des Leidens hat er sich notiert: »Jeder Christ weiß von Kindheit an, dass Kreuz und Leid eine Folge der Erbsünde sind. In der hl. Taufe sind wir zwar durch Christi Blut von der Erbsünde selber befreit worden. Ihre Folgen aber bleiben.« Und dann folgt ein Gedanke, der vielleicht helfen kann zu verstehen, was gegenwärtig im »Großdeutschen Reich« abläuft: »Auch christliche Völker können sündigen und haben gesündigt, ebenso wie der einzelne Christ. So verstehen wir, wie beide in ein Meer von Leid eingetaucht sein können. Dazu kommt das große Geheimnis unserer Eingliederung in Christus. Wir sind ja alle seine Glieder, solange wir Kinder Gottes bleiben. Darum schickt es sich, dass wir an unserem eigenen Leibe ersetzen, was dem Leiden Christ noch abgeht…« Und weiter: »Der Werktagsheilige mag durchaus ein Meister des Gebetes sein; wenn er nicht auch gleichzeitig ein Leidensheld ist, hat er ein wesentliches Stück seines Tagewerkes unvollendet gelassen.« Schließlich: »Weil Gott ihn aber seinem Sohne besonders ähnlich machen will, führt er ihn hinein in die dunklen Nächte der Sinne und des Leidens und lässt über ihn zusammenschlagen die Wogen der Gottverlassenheit.«

Gerne beten die Priester auch das von Pfarrer Johann Schulz, der schon im August 1941 ums Leben gekommen war, verfasste Gebet »Unsere liebe Frau von Dachau«, in dem es heißt: »Und bei jenem großen Schmerz, den Du unter dem Kreuz erduldet, tröste die Kranken und Verwundeten, gib Kraft den Gefangenen und stehe in der Todesstunde allen bei, die ihr Blut und Leben opfern müssen …Unsere liebe Frau von Dachau, zeige, dass du Mutter bist, wo die Not am größten ist.«

»Sie sind doch auch nur Menschen«

Zu den eher temperamentvollen unter den Priestern gehört auch Alois Langhans. Als er wieder von einer besonderen Scheußlichkeit der SS hört, bricht es bei Tisch aus ihm heraus: Er schimpf lauthals über diese »SS-Schweine« und kann sich gar nicht beruhigen. Da stößt ihn Pater Engelmar, der neben ihm sitzt, sanft an und sagt mit einem Lächeln: »Sie sind doch auch Menschen – wenn sie leider auch auf dem falschen Weg sind.« Verdutzt schweigt Langhans. Als er später mit Franz Schobesberger, einem anderen Tischnachbarn, über seinen immer bescheidenen, liebenswürdigen Mitbruder spricht, der sogar die SS für irrgeleitete Menschen hält, ergänzt dieser das Loblied von Langhans über den Mariannhiller: »Wenn du wüsstest, wie oft er mir am Anfang, als ich noch neu und unerfahren war, geholfen hat! Man gewinnt den Eindruck, Hubert ist die Güte in Person.«

Pater Engelmar versucht immer wieder Gutes zu tun, wo er kann und sich selbst hintan zu stellen. Aus dieser Haltung heraus schreibt er am 18. April: »Ach, wenn es doch Gottes Güte fügen würde, dass alle Verwandten und Landsleute und viele andere zu Gott und damit zum wahren Glück zurückfinden würden! Wie gern möchte ich mein Leben dafür hingeben.« Und dann, angesichts seiner eigenen Zweifel: »Dann habe ich auch, wie ich jetzt erkenne, viel Versäumtes und Verschuldetes gut zu machen.« Er vertraut sich ganz der Barmherzigkeit Gottes an.

Zum Tage ihrer Profess am 31 Mai bittet er seine Schwester Regina, die ja jetzt Adelhilde heißt, sich ganz unter den Schutz der Gottesmutter, der Mittlerin aller Gnaden, zu stellen: »Vertrauen wir auch weiterhin auf Maria, unsere gute Mutter; sie wird auch in Zukunft über uns wachen und uns zur Seite stehen.«

Vielleicht stimmt das, was Eugen Kogon schreibt, wenn er im Rückblick darüber nachdenkt, wer mit den Menschen mordenden und Menschen verachtenden Zuständen am besten zurechtkam: »Am heilsten blieb die »anima candida«, die leuchtend reine Seele, die alles so gut zu machen trachtete, als es eben ging, nirgendwo Ärgernis nahm, was immer ihr begegnen mochte, und unentwegt das Schlechte von sich abtat. Solche Menschen hat es in den Lagern gegeben, und man darf von ihnen mit einem Wort des Evangeliums sagen: »pertransierunt benefaciendo« – ihr Wandel war Wohltat und Licht für andere.«

Pater Engelmar scheint eine dieser Lichtgestalten zu sein, wenn er am 4. Juli 1943 schreibt: »Man kann wirklich kaum ausdrücken, wie gut und wonnig es ist, Gott zu dienen, für alles, sei es Frohes oder Leidvolles, zu danken und alles aufzuopfern für die Schwergeprüften im Westen usw. Wie leicht wird alles, wenn man es in der Meinung tut, anderen in ihrer Not seelischen Trost und Hilfe zu erflehen. Man fühlt nur dabei allzu sehr seine Armseligkeit und Unwürdigkeit, doch man vertraut eben ganz darauf, dass Gott ja mit dem guten Willen zufrieden ist.«

Als an diesem sonnigen Morgen die Geistlichen zur Plantage ausrücken, hält Guttmann Hubert Unzeitig zurück »Sie müssen sich auf der Besoldungsstelle melden«, sagt er freundlich, und als er in das gespannte Gesicht des jungen Geistlichen blickt: »Nein, nichts Schlimmes.« Und wirklich: Ab sofort darf Pater Engelmar auf der Besoldungsstelle außerhalb des eigentlichen KZ Geländes arbeiten, eine Arbeit, die gut gesinnte Kapos schon manchen Priestern vermittelt haben. Als sich Unzeitig Hubert »gehorsamst« bei seinem unmittelbaren Vorgesetzten, dem SS-Führer meldet, schaut Bernhard Schulte in ein bleiches, abgezehrtes Gesicht. Die hellen Augen hinter der runden Brille faszinieren ihn. »Komischer Vogel«, denkt er bei sich und greift instinktiv an seinen Beinstumpf, der ihn immer noch schmerzt. Zu Beginn des Russlandfeldzugs ist er schwer verwundet worden. Er hat überlebt; warum, kann er bis heute kaum begreifen. Nun ist er hier in Dachau, um weiter dem Vaterland zu dienen und das Seinige zu tun, um Deutschland zum Siege zu verhelfen.

Dieser stille Häftling, der ihm da zugeteilt wurde, tut nicht nur einfach seine Arbeit, er erledigt sie auch schnell und gut. Pater Engelmar hat sich längst angewöhnt, auch die kleinen Dinge des Alltags zur Ehre Gottes so gut wie möglich zu verrichten. »Alles, was ich tue, soll zur Ehre Gottes geschehen.«

SS-Unterscharführer Schulte, der nach ein paar Wochen immer noch nicht das Geringste an seinem

Schreiber Unzeitig auszusetzen findet, hat mit dem Glauben und der Kirche – ursprünglich kommt er aus dem katholischen Westfalen – längst nichts mehr zu tun. Aber die Neugier lässt ihn nicht los: Was ist an diesem Mann Besonderes? Ihm kommen, wenn er an ihn denkt, nur »sentimentale« Worte in den Sinn, neben »fein, zurückhaltend, bescheiden, liebenswürdig«, aber auch Begriffe wie: »verinnerlicht, priesterlich, rein« ... Dabei ahnt er natürlich nicht, dass einige von Engelmars Mitbrüdern ihn ebenfalls so charakterisieren würden.

An manchen Tagen nagt das Heimweh, die Sehnsucht nach seiner katholischen Kindheit im Münsterland, genauso beständig an ihm wie der Phantomschmerz an seinem Bein. Vorsichtige, tastende Versuche von ersten Unterhaltungen folgen, die bald schon über das Wetter und die Fragen nach der Familie hinausgehen. SS-Mann Schulte öffnet sich dem jungen Priester. Pater Engelmar wendet sich diesem an Leib und Seele Verletzten mit liebevoller Aufmerksamkeit zu. Immer häufiger kommt es zu Gesprächen, in denen es um den Sinn des Lebens geht. »Du guter Gott, ich danke Dir, dass Du mich als Dein Werkzeug benutzen willst«, betet P. Engelmar still, wenn er wieder einmal ein gutes, tiefes Gespräch mit seinem »Chef« geführt hat. Aus »Häftling« und »Bewacher« sind Freunde geworden. Sie vertrauen sich bedingungslos. Engelmar wagt es sogar, seine Gedanken, die von seiner tiefen Liebe und seinem unbedingten Vertrauen in einen liebenden Vatergott zeugen, dem SS-Mann zu schreiben. Dass Schulte bei Engelmar eine Generalbeichte ablegt, wird nie jemand erfahren…

Hans Brantzen zerbricht sich zunächst über diese ungleiche Freundschaft den Kopf. Dann kapiert er: Offensichtlich geht es da letztlich um ein Geheimnis zwischen Gott und diesen beiden Menschen; da hat seine Neugierde nichts zu suchen.

Was wird aus Marie?

Dieses Kriegsjahr ist für niemanden in der Heimat leicht, für Marie schon gar nicht. Nach dem Tod ihrer Mutter hat sie manche Laufereien gehabt, bis die Erb- und Nachfolgefragen geregelt waren. Selbst Hubert – als der eigentliche Hoferbe – hat in Dachau ein Schreiben unterzeichnen müssen. Aber nach einigen Wochen ist der Papierkrieg beendet.

Was soll aus ihr werden? Marie Unzeitig, nun Ende Dreißig, ist eine hübsche Frau, die man früher als »stattlich« bezeichnet hätte. Aber in diesem dritten Kriegsjahr sind ihre Wangen eingefallen, die Hände von der schweren Arbeit gezeichnet: Sie hatte in den letzten Sommern immer wie ein Knecht geschuftet. Offensichtlich hat auch Hubert sich Gedanken über ihre Zukunft gemacht. Erst hatte sie nicht genau verstanden, was er ihr sagen wollte, als er vom Bruder eines Kameraden schrieb. Dann dämmerte es ihr: Ganz offensichtlich hat Hubert versucht, sie zu »verbandeln«, zu verheiraten! Erst hat sie sich geärgert, nun ist sie gerührt, weil sie spürt, wie sehr sich Hubert um sie sorgt. Ob eine Ehe noch ihr Weg sein könnte? Marie hat den Brief mit dem Datum vom 18. August gut aufbewahrt. Er steckt auf der Anrichte hinter einem Bild von der Mutter – von Hubert hat sie nur ein Primizbild, das sie aber nicht aufstellen mag, um eventuellen dummen Fragen aus dem Weg zu gehen. Marie sitzt wieder einmal am Küchentisch und rührt gedankenverloren in ihrem Kaffee, obwohl sie längst keinen Zucker mehr hat. Dann steht sie auf, holt den Brief – er ist mittlerweile schon etwas zerknittert – und liest noch einmal aufmerksam die Worte ihres Bruders: »Schrieb Dir im letzten Brief von einem gewissen August Lenz, von dessen Bruder ich weiß, dass erstgenannter ein guter, braver Mensch ist. Ihre Heimat liegt in der südlichen Steiermark. Es soll dort eine herrliche und fruchtbare Gegend sein, nicht gerade bergig, sondern nur hügelig, ähnlich wie bei uns, mit herrlicher Aussicht auf die Alpen. August (Gustl) fragte bei seinem Bruder an, ob Dir das Fortziehen aus der Heimat nicht allzu schwer fallen würde.«

Marie schaut aus dem Fenster. Ihr Blick fällt auf die leere Dorfstraße. Wegziehen? Alles aufgeben? In die Fremde gehen? Aber das hat sie bereits einmal getan. Ihr Bruder erinnert sie ebenfalls in seinem Brief daran, dass sie ja bereits in Glöckelberg gewesen ist, um dann fortzufahren – vielleicht, um ihr den Entschluss leichter zu machen: »Eine bleibende Stätte auf dieser Erde hat ja keiner von uns Menschen. Wir suchen ja alle die ewige Heimat im Himmel. Wie viele sind jetzt im Westen heimatlos geworden! Ja, die Zeitereignisse sind gewaltige Prediger für die Vergänglichkeit des Irdischen und Aufrufe Gottes, dass wir unser ganzes Hoffen auf ihn setzen und unser ganzes Sinnen und Streben nach seinem Willen gestalten und ihn ob seiner großen Liebe preisen in Freud und Leid.«

»In Freud und Leid.« Marie seufzt noch einmal. Wenn sie das nur könnte. Sie steht auf und geht zum Herd, auf dem die Kaffeekanne noch steht. Sie gönnt sich eine zweite Tasse von dem aus Gerste gebrannten Gebräu, das »Kaffee« genannt wird, obwohl es mit dem Getränk aus Friedenstagen nur noch die Farbe gemeinsam hat. Schließlich hat ihr Bruder gemeint, der Gustl könne sie ja im Urlaub besuchen. In seinem letzten Brief ist Hubert noch einmal auf dieses Thema eingegangen und hat gemeint, die Schwester, mit der der Gustl bis jetzt zusammen gehaust hat, könne ja wegziehen, aber dann doch eingeräumt, dass man in einem solchen Fall die Menschen erst einmal kennen lernen müsste, um zu sehen, ob man mit ihnen leben kann. Dann hat er versucht, zu beruhigen: »Will Dich daher gar nicht sonderlich aneifern. Wollen halt abwarten, wie Gott alles fügen wird. Er macht ja alles wohl.«

Die junge Frau hat lange mit sich gerungen: Jetzt, in diesen unsicheren Zeiten alles aufgeben? In Pohler hat sie wenigstens ihre beiden Schwestern. In ihren Familien ist sie gern gesehen, und das nicht nur, weil sie zupacken kann. Jetzt weiß sie, was sie zu tun hat: Gleich am Abend wird sie sich hinsetzen und ihrem Bruder schreiben, sie möchte gerne das Ende des Krieges abwarten, bevor sie eine Entscheidung fällt. Ihr Bruder versteht sie: In seinem Septemberbrief geht er darauf ein und meint: »Du hast schon recht, Marie. Es ist wohl am besten abzuwarten, wie Gott nach dem Krieg alles fügen wird. Vorher wird sich wohl auch für den Walter nichts ändern.« Hubert weiß natürlich nicht, wie sehr seine Schwester sich um seine Freilassung bemüht.

Sechs Wochen später, ein schöner Oktobermorgen. Die Briefträgerin – der alte Jan ist längst eingezogen worden – hat ihr Post gebracht: wieder einmal ein abschlägiger Bescheid von der Behörde. Wie mag Hubert diese neue Enttäuschung wohl aufnehmen? fragt sie sich, während sie sich eine Träne abwischt, die fast auf das Schreiben gefallen wäre, das vor ihr auf dem Küchentisch liegt.

Der schöne Herbsttag kann sie nicht trösten. Sie blickt wieder einmal aus dem Fenster: Die letzten blauvioletten Bauernastern am Zaun leuchten noch in der milden Herbstsonne; sonst liegt der Garten bis auf die Kohlköpfe bereits brach und schon im Schatten.

Wie stark ihr Bruder ist, erfährt Marie aus einem Brief, der am 2. Januar 1944 eintrifft. Offensichtlich hat sich Hubert in seiner inneren Einstellung nicht verändert. »Mit Dank zurückschauend auf alles Frohe und Leidvolle der verflossenen Jahre wollen wir wieder mit kindlichem Vertrauen in die Zukunft schauen. Je mehr die Menschen in unvernünftigem Trotz ihre eigenen Wege gehen wollen und so ins Verderben rennen, umso inniger wollen wir ihn bitten, dass er all den angerichteten Schaden und das Unheil zum Guten wenden möge und Frieden stifte unter den streitenden Kindern.«

»Du Schwein, willst mir einen Rat geben?«

Gott schenkt Hoffnung, wo alles verloren erscheint.
Heinz -Algermissen

In der Adventszeit hatte es im Priesterblock genügend Aufregungen gegeben. Der erste Zwischenfall ereignete sich am 15. Dezember. An diesem Tag kommt Lagerführer v. Redwitz zum Abendappell, direkt von der Sonnenwendfeier. Da ging es natürlich hoch her. Der Alkohol floss in Strömen, und die jungen russischen Knaben waren willig oder wurden eben willig gemacht! Nur mit Mühe kann der SS-Mann sich auf den Beinen halten, es fällt ihm schwer, sich zu konzentrieren. Sein Blick fällt auf Pater Kentenich. War mit dem nicht irgendetwas? Er redet ihn an:»Du, Geistlicher Rat« – das »von« in seinem Namen lässt ihn auf einmal fast höflich sein und diesen Titel gebrauchen.

Der so Angesprochene merkt jedoch nicht, dass das Wort an ihn gerichtet ist. Ein Kamerad schubst ihn etwas und flüstert: »Er meint Sie.« Und dieser, etwas verdutzt, antwortet mit einem fast verschmitzten Lächeln: »Ein Geistlicher Rat bin ich zwar nicht, aber ich gebe schon mal einen geistlichen Rat.« Jetzt explodiert der Lagerführer: »Du Schwein, willst mir einen Rat geben! Aufhängen lasse ich Dich.« Die Versuche der Umstehenden, ihn zu beruhigen und ihm zu erklären, dass hier ein Missverständnis vorliegt, nützen nicht viel. Aber dann geschieht vielleicht doch eines der vielen kleinen Wunder: Am nächsten

Morgen gelingt es Lagerdekan Schelling, die Dinge wieder ins Lot zu bringen. Der Pater muss sich noch nicht einmal persönlich entschuldigen.

Zu einem neuen, viel ernsteren Zwischenfall kommt es am 22. Dezember. »Carls, zur Vernehmung!« brüllt der Kapo in die Stube. Dem Priester wird es anders, vor allem als er merkt, dass ein Beamter der Gestapo-Leitstelle aus Düsseldorf extra nach Dachau gekommen ist, um ihn zu verhören. Um was es geht, wird ihm nicht gesagt. Carls merkt jedoch bald, dass es um Informationen über die unmenschlichen medizinischen Experimente geht, die er mit Hilfe eines SS-Manns seit über einem Jahr aus dem Lager hinausgeschmuggelt hat. Offensichtlich ist der Gestapo ein solcher Brief in die Hände gefallen. Der Priester weiß, dass sein Leben mehr als gefährdet ist. Aber auch er kommt davon: 42 Tage Sonderarrest – in einer Zelle in einem Trakt hinter dem Wirtschaftsgebäude. Trotz Diabetes hält er durch. Außer ihm sind noch drei weitere Priester wegen illegaler Post aufgefallen.

So gut sie können, begehen die Priester des Blocks 26 – ohne ihre Mitbrüder im Arrest – mit einem feierlichen Hochamt das Weihnachtsfest.

Der Traum vom Sieg ist ausgeträumt

In Dachau gewesen zu sein ist nichts;
aber in Dachau heilig geworden zu sein, das ist alles!
P. Albert Eise SAC

Anfang 1944 ist es bereits vielen Deutschen klar, dass das »Großdeutsche Reich« vermutlich nicht mehr lange existieren wird. Auch die Häftlinge in Dachau sind gut unterrichtet und gehen davon aus, dass der Traum vom baldigen Endsieg nichts als ein Traum der Nationalsozialisten bleiben wird.

Im Osten ist es der Sowjetunion nach der deutschen Niederlage bei Stalingrad gelungen, die bis 1943 von den Deutschen gemachten Eroberungen, vor allem die Ukraine, zurück zu gewinnen. Am 3. Januar 1944 erreicht die Sowjetarmee die alte polnische, am 8. April die tschechoslowakische und am 10. April die rumänische Grenze. Nachdem das deutsche Afrikacorps bereits im Mai 1943 kapituliert hatte und die Engländer und Amerikaner anschließend auf Sizilien und in Kalabrien gelandet waren, gelingt ihnen im Januar 1944 dasselbe Manöver bei Anzio und Nettuno in Mittelitalien. Die Schlussphase des Krieges beginnt mit der erfolgreichen Landung der Alliierten in der Normandie am 6. Juni 1944.

Hitler denkt jedoch nicht daran zu kapitulieren. Stattdessen werden alle Kräfte in die Rüstungsindustrie gesteckt, die noch einmal einen erstaunlichen

Aufschwung nimmt. Diese Strategie wirkt sich auf die Häftlinge in Dachau unmittelbar aus: Immer mehr Gefangenen werden in Außenlager verlegt, um dort in der Waffenproduktion eingesetzt zu werden. Die Standorte befinden sich in München-Allach, (Bayerische Motorenwerke), in Augsburg (MAN-Messerschmitt), in Landsberg (Dynamit AG), in Kaufbeuren (Dornier-Werke) und in Friedrichshafen (Zeppelin-Werke). Eine Wunderwaffe soll noch den Endsieg herbeiführen. Darum nimmt in Dachau die Zahl der Häftlinge nicht etwa ab, sondern laufend zu.

In den vergangenen Monaten sind rund 25 000 Juden aus Auschwitz eingetroffen, in der Mehrzahl ungarische Staatsbürger. Sie werden gezwungen, das bereits erwähnte »Waldlager« zu errichten, ein idyllischer Name für ein unterirdisches Rüstungszentrum in der Nähe von Landsberg am Lech. Hier werden ebenso wie in der Nähe von Mühldorf an der österreichischen Grenze, das ebenfalls als »Außenkommando« von Dachau geführt wird, unterirdische Fabriken in der Absicht gebaut, durch weitere und neue Waffen noch in der letzten Minute das Schicksal »Großdeutschlands« zu beeinflussen.

Weil sie sonst der Witterung schutzlos ausgesetzt sind, ist es den Überlebenden von Auschwitz »gestattet«, sich neben ihrer zukünftigen Produktionsstätte auch Unterkünfte für sich zu errichten. Da der Winter 1944/45 sehr streng ist, stirbt etwa die

Hälfte dieser Arbeitssklaven, die den Gaskammern entgangen sind, jetzt hier. Außer diesen gibt es in den offiziellen Akten von Dachau keine Juden mehr.

Bewacher, die manchmal geradezu menschlich sind

Im Übrigen hat das »Personal« in Dachau gewechselt: Die scharfen jungen SS-Leute, die für ihre Arbeit mit den »Untermenschen« in den Konzentrationslagern besonders »ausgebildet« wurden und stolz darauf waren, »ganze Kerle« zu sein und den Häftlingen gegenüber keine menschlichen Regungen zu zeigen, sind zum größten Teil an die Front abkommandiert worden. Ersetzt werden sie von meist älteren SS-Männern. Mehr oder weniger zu dieser schrecklichen Arbeit abkommandiert, versuchen die meisten von ihnen, ihren Dienst möglichst »korrekt« zu versehen. »Der Mechanismus fing an, in Unordnung zu geraten«, wird später Edmond Michelet diese Monate kommentieren.

Jetzt geraten im Lager die ersten Rädchen der riesigen Maschinerie aus dem Takt. So gibt es beispielsweise keine Laken mehr, die man mühselig beim Bettenbauen preußisch ordentlich ausrichten muss. Auch die Zebra-Anzüge werden nicht mehr ersetzt: Es werden nur noch Zivilkleider ausgeben. Pater Johannes Maria Lenz, der einen guten schwarzen Wintermantel ergattern konnte, erzählt, dass er in einer Manteltasche noch einen Schein der Budapester Straßenbahn gefunden hat. Also war der Vorbesitzer offensichtlich ein ungarischer Jude.

Engelmar schreibt am 5. März nach Hause: »Jetzt, wo um uns herum so vieles in Trümmer sinkt, lernt man immer mehr, dass es doch allein auf die Ewigkeit ankommt und darauf, dass wir in selbstloser Liebe Gott und um seinetwillen den Mitmenschen Freude zu machen suchen.« Er geht dann auf Neuigkeiten aus der Verwandtschaft ein und wünscht sich, dass alle seine Lieben »Gott die Ehre geben und ihm Freude machen. Könnte ich nur diese Gnade von Gott erflehen, wie gerne möchte ich mit seiner Hilfe jedes Opfer auf mich nehmen.« Neue Opfer wird Engelmar schon bald bringen müssen…

Dass allmählich Sand ins Getriebe gerät, nehmen auch die hohen Herren in Berlin wahr. Sie haben nicht vergessen, dass Informationen über die grässlichen Praktiken der Ärzte offensichtlich durch die Dachauer »Pfaffen« an die Öffentlichkeit gelangt sind. Darum wird nun auch der eher »menschliche« Lagerkommandant Weiß mit seinem Schutzhaftlagerführer v. Redwitz abgelöst. Der neue Sturmbannführer Eduard Weiter vom Lager Natzweiler im Elsass und Obersturmführer Ruppert sorgen ab Anfang März »für Ordnung.« Dass Ruppert ein besonders »scharfer Hund« ist, hat die Flüsterpropaganda bereits unter allen Häftlingen verbreitet.

Zubeißen werden die neuen »scharfen Hunde« zunächst einmal auf dem deutschen Priesterblock. Das Reichssicherheitshauptamt in Berlin hat nicht nur entsprechende Befehle gegeben, sondern gleich selbst eine Kommission geschickt. Die schlägt plötzlich und unerwartet am 8. März zu: Betroffen ist zunächst Josef Fischer. Bei ihm habe man schriftliches Material gefunden – allerdings harmlos – erzählt Alois Langhans Pater Engelmar. Was beide nicht wissen: SS-Rottenführer Schmid hat zwar religiöse Schriften gefunden, diese aber in einem Augenblick, als der Aufsicht führende Offizier wegschaute, wieder ins Versteck zurück gelegt.

»Immer diese Schönstätter, die uns mit ihren Extratouren alle in Gefahr bringen«, murrt ein eher ängstlicher Mitbruder. Aber es kommt noch schlimmer: Nach einer erneuten Kontrolle am nächsten Tag werden neben Kentenich auch der immer wieder verdächtige Caritasdirektor Hans Carls sowie der Jesuit Johannes Lenz abgeführt: zunächst in die Isolierzellen hinter dem Wirtschaftsgebäude, das Carls ja bereits kennt.

Viele der Mitbrüder beten für die Verhafteten: Pater Engelmar, der ja mit Lenz befreundet ist, geht in jeder freien Minute in die Kapelle. Und – alles geht gut aus! Bei Kentenich ist nichts gefunden worden – seine Getreuen haben in der Zwischenzeit das meiste schriftliche Material verbrannt. Johannes

Lenz erhält sogar sein Buchmanuskript zurück, weil der Inhalt ja rein »religiös« sei. Selbst Carls kommt diesmal zu seinem eigenen Erstaunen nach sechs Stunden wieder frei: »Dabei sind die Verhöre sachlich und ruhig verlaufen«, wundert er sich.

»Blöd« sind die Herren aus Berlin jedoch nicht: Um wenigstens den Kontakt nach draußen zu erschweren, werden neue Maßnahmen ergriffen: »Ab 14. März sind alle Geistlichen vom Arbeitskommando Post zu entfernen. Das gleiche gilt für die Besoldungsstelle, bei der ab 2. April kein Geistlicher mehr tätig sein darf.« Außerdem werden Mitte April die nichtdeutschen Priester von den deutschen getrennt und in eigenen Stuben untergebracht, während die polnischen Mitbrüder ja von Anfang an abgesondert waren und es auch weiterhin bleiben.

Aufrüsten bei Messerschmitt

Die Razzien auf dem Priesterblock wirken sich auch auf P. Engelmar aus, der wie alle anderen sofort von seinem Schreiberposten abgelöst wird. Er wird dem neuen »Kommando Messerschmitt« unterstellt, wo in Tag- und Nachtschichten an den Wunderwaffen V1 und V2 gearbeitet wird, die dem Krieg noch die ersehnte Wende bringen und den Nazis zum Sieg verhelfen sollen.

Auch hier gibt es ungeahnte Möglichkeiten, die manche nutzen. Dem Tausendsassa Emil Kiesel gelingt es sogar, richtige Sabotage zu treiben und zwar einfach dadurch, dass er die Schraubstöcke um ein hundertstel Millimeter verdreht, sodass die darauf gefertigten Teile später nicht ineinander passen. Doch davon ahnt der Häftling Hubert Unzeitig natürlich nichts.

»Mei, du stellst dich ja geschickt a«, hatte ihn der Meister, der wie seine Kollegen von den Messerschmitt-Werken Augsburg nach Dachau abkommandiert war, gelobt. Ihm ist der stille blasse Mann mit der runden Metallbrille und den eingefallenen Wangen dadurch aufgefallen, weil er seine Arbeit meist schweigend verrichtet – und es daran auch nichts auszusetzen gibt. »I könnt di guat als Kontrolleur brauche«, fährt er in seinem bayrischen Dialekt fort. Ab sofort muss der Mariannhiller die angefertigten Werkstücke überprüfen, eine Vertrauensposition, die unter anderem auch sein Freund Hans Brantzen ausübt.

Dass sich Unzeitig so schnell mit der Technik zurecht gefunden hat, verdankt er Peter Klizko. Der Vater von zwei Kindern und im Zivilberuf Ingenieur, ist vermutlich wie viele andere Russen auch, wegen »Sabotage« nach Dachau gekommen. Mit großer Geduld hat er seinem Schützling Unzeitig die notwendigen Handgriffe beigebracht, wobei es P. Engelmar auffiel, dass manchmal die großen Hände des Russen bei aller Geschicklichkeit zu zittern anfangen. Natürlich, der Hunger! Wortlos greift der Priester in die Hosentasche – sein Anzug ist inzwischen weiß mit einem großen roten Kreuz auf der Rückseite der

Jacke, weil es die Zebra-Kleidung ja nicht mehr gibt. »Hier nimm, ich habe es aufsparen können«, sagt er fast beiläufig und schiebt dem Russen den Kanten Kommissbrot hin.

Dies ist der Beginn einer tiefen Freundschaft, die bald auch den anderen auffällt. Wo Unzeitig ist, da ist auch Peter. Durch den Umgang mit Peter verbessern sich P. Engelmars Russischkenntnisse ständig. Sie treffen sich auf der Lagerstraße, wo sie auf und ab spazieren und leise miteinander sprechen, manchmal auch schweigen, um sich dann wieder eifrig zu unterhalten. Niemand weiß, wie tief sich Peter gegenüber seinem ungleichen Freund öffnet. Offenbar sucht er bei ihm auf seine drängenden Fragen nach dem Sinn des Lebens eine Antwort. Peter Klizko – sein tatsächlicher Name lautet Scharaschadew, offensichtlich ist er ein höherer kommunistischer Funktionär – hat immer wieder neue Einwände, die aber die beiden Freunde nicht auseinander bringen. »Herr, wenn Du es willst, führe ihn in Deine Kirche zurück«, betet Pater Engelmar immer wieder.

Russen, die für ihre Kameraden ihr Leben geben

Sehr bald wird Pater Engelmar zum Zeugen eines schrecklichen Schauspiels, das allen Überlebenden aus Dachau unvergesslich bleiben wird. Dass die SS vor hat, so schnell wie möglich die Elite der »Untermenschen« hinzurichten, ist bereits bekannt. Als Erstes sollen 92 russischen Offiziere drankommen. Nun entschließen sich die nationalen Lagerkomitees zum Handeln: Sie wollen die Arbeit einfach verweigern und streiken.

Als an diesem Maimorgen nach dem Morgenappell der Befehl zum Abmarsch in die verschiedenen Arbeitskommandos gegeben wird, macht niemand auch nur die geringsten Anstalten, der gebrüllten Aufforderung nachzukommen. 20 000 Menschen stehen mit möglichst ausdruckloser Miene auf dem Appellplatz und rühren sich nicht. Aufgebracht erkundigt sich Lagerführer Ruppert, was los ist. Seit Bestehen der KZs ist es noch nie vorgekommen, dass ein Befehl von einer solchen Vielzahl von Menschen einfach verweigert worden ist! Da flüstert schließlich der Lagerschreiber beschwörend auf seinen Chef ein und versucht ihm zu erklären, die Häftlinge hätten von der beabsichtigten Erschießung der russischen Offiziere erfahren. Der Lagerführer wird krebsrot im Gesicht, seine Stimme überschlägt sich, als er noch einmal das Kommando herausbrüllt: »Ausrücken!« Die Häftlinge auf dem Appellplatz bewegen sich jedoch nicht.

Trotz ihrer Isolation haben die Offiziere diese unerhörte Solidaritätsaktion mitbekommen, denn sie stehen, zwar abgesondert, jedoch ebenfalls auf der Lagerstraße. Auch unter ihnen entsteht jetzt Unruhe, es sieht so aus, als ob sich einige beraten. Schließlich tritt einer der Russen vor – es ist Oberstleutnant Tarassow. Er wendet sich an seine Landsleute: »Genossen, rückt aus! Wir sterben, wie wir gelebt haben, im Kampf für Russland.« Aber auch dieser dramatische Appell bleibt zunächst wirkungslos. Dann noch einmal die Stimme Tarassows, die voller Verzweiflung befiehlt: »Rückt aus!«

Inzwischen hat der Lagerkommandant gehandelt. Telefonisch hat er zwei Wachkompanien mit 700 Mann angefordert, die nun mit Karabinern und Maschinenpistolen bewaffnet auf dem Appellplatz erscheinen. Die Spannung steigt ins Unerträgliche. Nur eine falsche Bewegung und das Gemetzel wird beginnen. Da nähert sich noch einmal der russische Offizier und bittet, zum letzten Mal mit dem Lagerschreiber sprechen zu dürfen. Nun flüstern die beiden miteinander – und dann gibt der Lagerschreiber das Kommando, das der Lagerführer vergeblich erteilt hatte. Schweigend rücken die 20 000 Menschen aus. Die Lagerleitung handelt schnell und entschlossen; 15 schwer bewaffnete Mörder bringen jeweils 12 russische Offiziere zum »Schießgraben«, gleich neben dem Krematorium gelegen.

92 russische Offiziere sind stolz und schweigend in den Tod gegangen, um 20 000 Menschen nicht zu gefährden: Sie gaben ihr Leben aus Solidarität mit den Kameraden. Man könnte auch mit den Worten des Evangeliums sagen, dass niemand eine größere Liebe hat als derjenige, der sein Leben für seine Freunde gibt.

Schon im Februar 1942 waren in Dachau »offiziell« 31 Russen liquidiert worden. Anfang September 1944 noch einmal 90 – abgesehen von jenen Ungezählten, die als Einzelne oder in kleineren Gruppen gewaltsam den Tod fanden.

Es trifft nicht nur die Russen: »Hubert, es ist etwas Schreckliches geschehen«, flüstert Hans Brantzen am 5. Juli seinem Freund zu, als sie an diesem ausnahmsweise schönen Abend auf der Lagerstraße stehen. »Stell Dir vor, es sind sieben Waggons angekommen, in die je 100 französische Häftlinge eingepfercht waren. In der sommerlichen Hitze sind sie erstickt oder verdurstet. Als die Häftlinge und die SS die Wagen öffneten, waren nur noch etwa 400 am Leben.« Er schweigt, als er die Betroffenheit bei seinem Freund wahrnimmt. Von dem schrecklichen Gestank der Leichen erzählt er nichts mehr, stimmt vielmehr in das »Requiescant in pace« seines Freundes ein.

Von Joseph Joos hat P. Lenz genauere Informationen erhalten, die er später an Engelmar weiter gibt: Nach dem Laufzettel sei der Zug am 2. Juli von Compiègne mit insgesamt 2 582 Mann abgefahren. Es seien jedoch nur 952 Lebende in Dachau angekommen; 483 Tote seien ausgeladen und verbrannt worden. Die übrigen Leichen habe man bereits unterwegs »entsorgt.«

Aber auch diese Toten sind nicht vergeblich gestorben. Denn wenn die Zukunft nicht durch sie geboren würde, gäbe es nichts mehr außer der Verzweiflung…

Karl Leisner bringt Licht in die Isolierbaracke

1915 in Rees, einem kleinen Dorf am Niederrhein geboren, ist Karl Maria Leisner durch die Schönstattbewegung geprägt worden, der er sich als 18-jähriger Primaner in seiner Heimatstadt Kleve angeschlossen hat. Nach mehrtägigen Exerzitien schreibt er 1934 begeistert in sein Tagebuch: »Die zwei Tage im stillen Gebet im Kapellchen vor dem Gnadenbild der »Dreimal wunderbaren Mutter« haben mich tief ergriffen.« Voller Begeisterung arbeitet Leisner nun innerhalb der katholischen Jugend, bis der junge Student der Philosophie und Theologie plötzlich lungenkrank wird. Das bedeute für ihn zunächst einmal das Ende seiner Träume. Im Sommer 1939 ist er so weit wieder hergestellt, dass er nach St. Blasien zur Kur fahren kann. In dieser Zeit richtet er eine vielleicht seltsame Bitte an die Gottesmutter: »Wenn Du weißt, dass ich ein guter Priester werden kann, dann hilf mir, dass ich mein Ziel erreiche. Wenn Du siehst, dass ich ein schlechter Priester werde, dann lass mich vorher sterben!«

Dem feurigen jungen Mann rutscht in St. Blasien am Abend des 8. Novembers 1939 ein unbedachtes Wort gegen den Führer heraus. Er wird sofort verhaftet und schon zwei Tage später der Gestapo übergeben. Er kommt in das KZ Sachsenhausen. Am 8. Dezember 1940 wird er in das KZ Dachau überstellt und kommt als »Benjamin« in die Priesterbaracke.

Im März 1942 wird bei ihm erneut offene Tb festgestellt. Er wird von Block 26 weg in die Isolierbaracke gebracht. Block 9 ist der letzte des »normalen« Krankenreviers. Block 1 enthält den Operationssaal sowie die Räume für die verschiedenen medizinischen Versuche, das Sekretariat sowie weitere Räumlichkeiten. Auf Block 3 befinden sich die Häftlinge, die eine Operation über sich ergehen lassen mussten. Auf den Blocks 5, 7, 9 sind die »inneren Krankheiten.« Weitere Wohnblocks heben sich durch ihre vergitterten Fenster von den anderen Baracken ab.

Auf Block 11 und 13 sind die Tuberkulosekranken streng isoliert. Tagsüber lassen die TBC-Blocks eher an riesige Vogel- oder aber an Affenkäfige denken. Zu Hunderten dort eingepfercht, haben längst nicht alle Patienten ein eigenes Bett. Die Schwindsüchtigen müssen mit ihren todkranken Mithäftlingen zusammen leben und schlafen, den Schreien der Sterbenden, dem letzten Aufbäumen des Lebenswillens hilflos ausgesetzt. Oft hat man den Eindruck, die Schwindsüchtigen seien beneidenswert. Manchmal sehen sie geradezu gut aus, bekommen nicht nur die normalen Essenrationen, sondern darüber hinaus Milch und manchmal sogar Bier. Und trotzdem: Die Todgeweihten verbreiten nichts als Schrecken. Denselben Schrecken, den Menschen Jahrhunderte lang vor den »Unberührbaren«, den Aussätzigen hatten.

Und was ist, wenn es jemand darauf anlegt, bewusst einen Gesunden anzustecken? Das Leben am Abgrund will gelernt sein. Der junge Diakon hat es begriffen: So gut er kann, studiert er weiter. In all diesen langen Jahren begleitet ihn seine Gitarre, von der Jugend »Klampfe« genannt. Natürlich ist sein Instrument konfisziert worden, aber seine Freunde haben es für ihn »zurück organisiert.« Und Leisner spielt für sich und für alle, die zuhören können und wollen, die Lieder der katholischen Jugend, und auch aus der Zeit der Wandervögel: »*Wildgänse rauschen durch die Nacht, mit schrillem Schrei nach Norden, unstete Zeit, gebt Acht, gebt Acht, die Welt ist voller Morden.*« Oder auch das ganz alte Landknechtslied, Maria gewidmet: »*Kommst von den Bergen Du, vielleicht von den Sternen Du, kleine Madonna Du, liebliche Frau.*«

Der Gedanke an das Priesteramt gibt ihm während der langen Haftjahre immer wieder neuen Mut – und doch verfällt er zusehends. Das stellt auch Pater Engelmar traurig fest, der Leisner immer wieder besucht, wenn er zu seinen kranken Schützlingen schleicht. Die Beiden haben sich gefunden in der gemeinsamen Liebe zur Gottesmutter.

Die Verwirklichung eines Traums rückt näher

Der Bischof von Clermont Ferrand, Gabriel Piguet, trifft am 6. September 1944 im Konzentrationslager ein. Ursprünglich galten die Sympathien des eher unpolitischen Mannes Marschall Petain, bis er, aus welchen Gründen auch immer, verhaftet und nach Dachau verschleppt wird. Als guter Hirte nimmt er sich seiner neuen Herde an und versucht zu vermitteln, wo immer er nur kann. Manchmal muss er allerdings über die deutschen Mitbrüder den Kopf schütteln. Einmal taucht die Frage auf, ob man, weil in Streichholzschachteln versteckt, den Kranken überhaupt die letzte Wegzehrung bringen darf? Denn einige der ganz Frommen haben gemeint, den Leib des Herrn in einer Zündholzschachtel zu transportieren, lasse die notwendig Ehrfurcht vor der konsekrierten Hostie vermissen. »Natürlich soll die Eucharistie weiterhin jenen Kranken gebracht werden dürfen, die danach verlangen«, entscheidet Monseigneur Piguet.

Die konsekrierte Hostie bei sich zu tragen, ist natürlich immer mit einem gewissen Risiko verbunden, gibt es doch nicht angesagte Inspektionen. Ein schrecklicher Moment, wenn plötzlich verlangt wird, die Hand zu öffnen, in der sich in einer kleinen Schachtel ein Stückchen konsekrierter Hostie befindet. Aber der Kapo verlangt, nur die andere Hand zu sehen, in der der Leib Christi eben nicht versteckt ist! Dafür, dass auch die ausländischen Mitbrüder immer genügend Hostien haben, sorgen die meisten deutschen Priester getreulich. In der Nacht zwischen drei und vier Uhr wird auch in den anderen Blocks, vor allem bei den Polen, heimlich die heilige Messe in einer Zimmerecke gefeiert. Dabei wird die konsekrierte Hostie in ganz kleine Stücke geteilt und weitergereicht. Denn auch im Jahr 1944 ist es allen Laien immer noch auf das Strengste untersagt, in der Lagerkapelle zu beten oder gar an der heiligen Messe teilzunehmen.

Eine unangenehme Situation für Msgr. Piguet

Im September 1944 kommt ein neuer Transport Franzosen an, insgesamt 12 000 Männer, von denen etwa die Hälfte im Stammlager Dachau bleibt. Unter ihnen sind viele junge Burschen, die im Widerstand, in der Résistance, waren und eher dem gaullistischen als dem kommunistischen Lager zuzuordnen sind.

Manche von ihnen haben sich aktiv in den katholischen Verbänden, wie in der »Action catholique« betätigt. Kaum aus dem Isolierblock heraus, hören sie, dass es eine Kapelle gibt. »Prima, da gehen wir hin«, heißt es. Nicht bei allen ist es der Wunsch, Gott für die überstandenen Gefahren zu danken; bei manchen mag es auch einfach das Bedürfnis sein, in dieser unwirklichen und bedrohenden Atmosphäre ein Stück Heimat und Geborgenheit zu erfahren. Die ersten jungen Männer erscheinen am nächsten Sonntagmorgen und möchten sich den Priestern als Messdiener zur Verfügung stellen. Das müsse Lagerdekan Schelling entscheiden, werden die jungen Christen erst einmal vertröstet.

Seit dem vergangenen Jahr sind die Kontrollen nicht mehr ganz so streng, sodass es auch hin und wieder mutigen Laien, wie beispielsweise Joseph Joos oder Edmond Michelet gelingt, an einer Messe teilzunehmen. Als sich am nächsten Sonntag die deutschen Priester zur Messfeier einfinden, wollen sie ihren Augen nicht trauen: Dutzende von jungen Franzosen sind gekommen, wollen am Gottesdienst teilnehmen.

Die Aufregung unter den deutschen Priestern ist riesig. Erregt sprechen sie durcheinander. Sie befürchten, falls die SS von diesem Verstoß gegen die Regeln erführe, würde vermutlich das »Dachauer Konkordat« aufgehoben und die Kapelle geschlossen. Was also tun? Doch schon bald haben sie eine Lösung gefunden: Außer den katholischen Priestern gibt es nämlich auch einige protestantische Pastoren, die es sich zur Gewohnheit gemacht haben, nach der Messfeier am Sonntagmorgen ihren Gottesdienst in der Kapelle zu feiern. Als am folgenden Sonntag die jungen Franzosen wieder anrücken, finden sie die Türe zum Kapellenraum verschlossen. Davor schieben evangelische Geistliche Wache, gerufen von ihren katholischen Amtsbrüdern, um den allzu eifrigen Franzosen den Zutritt zur Kapelle zu verwehren. Ein seltsamer Vorfall, der für erhebliches Aufsehen sorgt!

Schnurstracks beschweren sich die katholischen Theologiestudenten unter ihnen bei ihrem Bischof, der ja auch als höchste kirchliche Autorität von den deutschen Priestern akzeptiert wird. Die Verhandlungen mit den furchtsamen Deutschen sind für Msgr. Piguet nicht gerade einfach. Aber: Am nächsten Sonntag dürfen alle Franzosen, die wollen, an der Messfeier teilnehmen. Im Übrigen scheint der französische Oberhirte auch der richtige Mann zu sein, um den Herzenswunsch des jungen Diakons Karl Maria Leisner zu erfüllen.

Dem Weihetag für Karl Maria Leisner, festgelegt auf den 13. Dezember 1944, dem dritten Adventssonntag, sind geschäftige »Vorarbeiten« vorausgegangen. Die Genehmigungen der zuständigen Bischöfe, die seines Heimatbischofs in Münster, Clemens August Graf von Galen, und des Erzbischofs von München, Kardinal Michael Faulhaber, sind inzwischen eingetroffen. Aber auch der für die Weihe notwendige Chrisam und das Rituale für die Liturgie der Priesterweihe mussten ins Lager geschmuggelt werden. Dabei geht es durchaus nicht zimperlich, sondern sehr »real« zu. Der belgische Jesuit Leo de Coninck, der auf der Plantage tätig und damit einer derjenigen ist, der Kontakte zur Außenwelt herstellen kann, macht dabei eigene schmerzliche Erfahrungen: Als eines Tages ein Lastwagen vor der Plantage vorfährt, wird der Belgier von den SS-Männern, die den Wagen fahren, erst einmal als »vollgefressener Pfaffe« beschimpft. Als er der Aufforderung, auf die Ladefläche zu klettern und dort einen Korb mit Gemüse zu holen, offenbar nicht schnell genug nachkommt, hagelt es eine mächtige Ohrfeige: Das Erkennungszeichen seiner Mitbrüder aus der Niederlassung in Pullach. In ihrem unverschämten Auftreten sind die Jesuiten von den »echten« SS-Leuten nicht zu unterscheiden.

»Echt« dagegen sind die Gegenstände, die unter dem Gemüse verborgen sind. Ein Chrisamgefäß und das Pontifikale, das Buch mit dem Weihetext, den

Bischof Piguet beten wird. »Die Weihe soll so schön und würdig sein wie in einer Domkirche«, hat es unter den Priestern geheißen. Jeder, der entsprechende Fähigkeiten hat, trägt nun dazu bei. Der aus Würzburg stammende Pater Gustav Spitzig dreht den Hirtenstab, der Engländer Albert Durand OMI bestickt eine seidene Mitra mit Perlen. Der Seidenstoff für die violetten liturgischen Gewänder, in die sich der Bischof bei der Weihe kleiden wird, stammt von Juden.

Karl Maria Leisner trägt an diesem Sonntagmorgen über seinem Häftlingsanzug die weiße Albe und das Messgewand. Nach dem Morgenappell sind mehr als 1 000 Priester aus 24 Nationen in die Kapelle geströmt und stehen nun dicht gedrängt zusammen. Dann liegt die lang gestreckte Gestalt des Diakons vor dem Altar: Es ist das Symbol seiner Bereitschaft, Gott ganz zu gehören und ihm als Priester zu dienen. Unterdessen respondieren die Priester die Allerheiligenlitanei. »Omnes martyres – orate pro eum«: »Alle heiligen Märtyrer, bittet für ihn«, betet auch Pater Engelmar aus tiefstem Herzen. Unwillkürlich denkt er an seine eigene Priesterweihe zurück. Ist er wirklich, wie er es sich damals vorgenommen hat, allen alles geworden? Müsste er nicht noch viel aufmerksamer werden, um die versteckten Nöte anderer erkennen zu können? Nicht nur bei seinen Mitbrüdern, sondern auch bei den Russen? Ihnen will er, so wünscht und betet er, in Zukunft als Priester und Missionar dienen. In dieser heiligen Stunde wird diese große Sehnsucht ganz plötzlich für ihn zur konkreten Gewissheit: Sein Leben wird den Russen gehören.

Inzwischen hat der Bischof dem Diakon die Hände aufgelegt und ihn dadurch ermächtigt, die heilige Eucharistie zu feiern. Nach Msgr. Piguet versuchen möglichst viele der dicht gedrängt stehenden Priester dem Neugeweihten ebenfalls die Hände aufzulegen. Als Pater Engelmar an die Reihe kommt, den Segen zu sprechen, betet er kaum hörbar: »Herr, der Du ihn berufen hast, lass ihn zu einem würdigen und heiligmäßigen Priester werden.«

Der Neugeweihte selbst denkt in diesen Stunden an zu Hause, an die Eltern und Geschwister, aber auch an die Gottesmutter, in deren Hände er sein Leben gegeben hat. Als ihm als Geschenk ein Bild der Dachauer Kapelle überreicht wird, gezeichnet von Dr. Paul Riedmatten, und die schriftlichen Glückwünsche, die von 230 Priestern, darunter natürlich auch P. Engelmar, unterschrieben sind, strahlt Karl Maria Leisner vor Glück.

Noch nie hat es eine Priesterweihe in einem KZ gegeben; selten haben so viele Priester ihre Hände segnend über einen Mitbruder ausgebreitet und dabei für diesen Todkranken gebetet – und dies alles der SS zum Trotze, die überhaupt nicht mitbekommt, was dort im Priesterblock so kurz vor Weihnachten unter ihren Augen vor sich geht.

Als Lagerdekan Schelling wegen des Wortes »Primiz«, das in einem Brief aufgetaucht war, nach der

Bedeutung dieses Ausdrucks gefragt wird, sagt er: »Eine Feier, die es manchmal bei Priestern gibt.« Damit gibt man sich zufrieden – schließlich hat man andere Sorgen. Wie brenzlig es um die Fronten des Großdeutschen Reiches steht, weiß jeder.

Am 26. Dezember, dem Fest des Heiligen Stephanus – genau 13 Tage nach seiner Weihe – darf Karl Maria Leisner sein erstes heiliges Messopfer feiern, die Primizmesse, die auch in seiner niederrheinischen Heimat festlich begangen wird. Wieder ist der Kapellenraum bis auf den letzten Platz gefüllt. Dieses Mal sind auch katholische Laien und die evangelischen Pastoren eingeladen worden, an der Feier teilzunehmen. Zwar fehlen der Orgelklang und Geläute von Leisners Heimatkirche, des Xantener Doms. Trotzdem: Der Altar ist festlich mit roten Weihnachtstulpen geschmückt, die irgendwie »organisiert« worden sind.

Und dann die Überraschung des Tages schlechthin: Nachdem seit einigen Monaten Pakete ohne Einschränkungen geschickt werden dürfen – sofern es die ge- oder zerstörten Eisenbahnverbindungen zulassen –, bitten die evangelischen Pastoren zum Festtagsschmaus: Kalbsbraten, Röstkartoffeln, Blumenkohl, zum Dessert Pudding mit eingemachtem Obst. Welche Delikatessen!

Zum Abschluss des Festes werden noch ein paar Erinnerungsfotos vor dem Primizaltar gemacht, die P. Sales Heß später heraus schmuggelt. Nach diesem für ihn schönsten Tag seines Leben schreibt Karl Maria seinen Verwandten, Freunden und Bekannten: »Ihr wart alle im Geiste mit dabei. Nach fünf Jahren Betens und Wartens jetzt diese Stunden und Tage seligster Erfüllung. Dass Gott uns auf die Fürsprache Unserer Lieben Frau so überaus gnädig und einzigartig erhören würde – ich kann es immer noch nicht fassen. Seit vierzehn Tagen kann ich nur noch ergriffen beten: »Gott, was bist Du groß und gut!«

Gedrückte Stimmung und düstere Vorahnungen zur Jahreswende

So heb ich `s an in Gottes Namen
das Jahr, das die Entscheidung bringt.
Ich sag im Voraus schon mein Amen!
Zu dem, was Deinem Rat entspringt.
Dr. Max Josef Metzger, hingerichtet 1944

Das Weihnachtsfest 1944 wird in Dachau sehr unterschiedlich begangen. Niedergeschlagen sind vor allem die Ausländer, besonders die französischen Priester, mit denen einige der deutschen Mitbrüder inzwischen ganz gute Kontakte haben. Mit den ersten Erfolgen der deutschen Ardennen Offensive haben die Franzosen nicht gerechnet. Solange Deutschland militärisch noch so stark ist, wird auch das Leid und Elend in Dachau andauern. Auch die deutschen Geistlichen wissen, dass ein Ende des Krieges und damit ihre Befreiung noch nicht abzusehen ist.

Die Christmette wird am Heiligen Abend bereits um 4 Uhr gefeiert. Am ersten Weihnachtstag hält Bischof Piguet ein Pontifikalamt und eine feierliche Vesper. Dass die Weihnachtstage von einer neuen Bedrohung überschattet werden, wissen nur die wenigsten: Fleckfieber, auch Flecktyphus genannt, ist ausgebrochen und greift wie ein nicht mehr zu löschender Brand um sich.

Als er erfährt, was los ist, zögert Pater Engelmar nicht und macht sich auf den Weg: Zunächst zum

Tuberkuloseblock, den er durchqueren muss, wenn er weiter will. Im Augenblick dienen die Blocks 15 bis 19 als Isolierbaracken für die Typhuskranken, bald werden noch weitere hinzukommen. Jede Baracke hat vier Räume, in jedem sind etwa 150 Kranke, meistens jedoch noch mehr, untergebracht – eine riesige Kaserne, in der 2000 fiebrige Leiber, geschüttelt von Krämpfen, beschmutzt vom Durchfall, dahinvegetieren. Wer fragt schon nach ihren Seelen?

In den ersten Krankenblöcken führen sogenannte »Galerien« zu den Waschräumen. Diese »Bequemlichkeit« hört ab Block 9 auf. Die neuen Behausungen für die Typhuskranken haben keinen unmittelbar an die Baracke anschließenden Waschraum mehr. Diese Isolierräume sind durch die acht Meter breite Lagerstraße von den Waschräumen und Toiletten getrennt: Acht Meter im Schnee und tödlichen Frost! Ein Todesstreifen im wahrsten Sinne des Wortes...

Der Mariannhiller steht im Vorraum der Baracke mit den sanitären Einrichtungen. Hinter ihm befindet sich die Tür, die zur Blockstraße führt. Ein Kranker wankt herein, seine Hose hat keine Knöpfe mehr. Der Wind, der durch die offene Tür kommt, ist feucht und voller Schneekristalle. Dabei ist der Himmel dunkel und bewölkt, wie Engelmar mit einem Blick nach draußen bemerkt. »Heute Abend ist alles ruhig«, stellt er fast verwundert fest: »Niemand kommt, alles ist still.« Es gibt weder einen Sterbenden noch einen Simulanten. Er geht weiter, in Richtung des Isolationsblocks mit den Typhuskranken. Plötzlich bibbert P. Engelmar. Nicht wegen des eisigen Windes, der jetzt aufgekommen ist. Er zittert vor Angst. Er, der sich doch immer hundertprozentig an alle Vorschriften gehalten hat, tut heute alles, was nicht erlaubt ist und wofür er schwer bestraft werden kann.

Die Nacht ist böse, das Schweigen feindlich, die Kälte kaum zu ertragen. Denn alles ist verboten: Während der Nacht angekleidet zu sein, den Block der Tuberkulosekranken zu durchqueren, in die Baracken der Typhuskranken zu gehen. Denn der Typhus ist überall. Es gibt kaum einen Bereich innerhalb des Lagers, wo er inzwischen nicht gegenwärtig ist. Da nutzt das Wissen, dass sich der Flecktyphus durch den Biss der Laus überträgt, wenig. Auch nicht, dass es im Krankenrevier sehr viel weniger Läuse als im übrigen Lager gibt. Genügt es nicht schon, einen Körper nur zu berühren oder ihm auch nur zu nahe zu kommen, damit sich die Laus auch bei ihm festsetzt und vielleicht zu seinem Tode führt?

»Eine Laus, Dein Tod«

Die Frage, wer denn nun eigentlich die Läuse eingeschleppt hat, wird immer wieder neu diskutiert. Natürlich sind es die Neuankömmlinge gewesen, diese unzähligen verwahrlosten Russen, Ukrainer und Serben. Oder waren es vielleicht doch die Polen oder die Italiener, die jetzt, da das Reich in Trümmern liegt, als Zwangsarbeiter nach Dachau verschleppt werden?

Bis zum Sommer 1944 war es durchaus üblich, dass die Hemden und Hosen, die normalerweise alle drei Wochen gewechselt werden, ebenso wie die Körperöffnungen sorgfältig nach Läusen und anderem Ungeziefer durchforscht wurden. Für die Häftlinge gehörte es zu den ganz gewöhnlichen Sonntagsbeschäftigungen, dass sie – falls die Temperatur einigermaßen erträglich war –, vor ihren Baracken saßen, ein Hemd oder eine Hose auf den Knien und diese sorgfältig nach Läusen und Wanzen absuchten.

Die (Fleck)Typhusepidemie hat aber auch ein Gutes: Aus Furcht vor Ansteckung kommen immer weniger SS-Bonzen ins Lager. Gleichzeitig wird eine so genannte »Lauskontrolle« eingerichtet. Dafür ist ein Mann ausgewählt worden, dessen äußere Erscheinung schon Respekt einflößt. Ausgerüstet mit einem Stock, werden ihm Häftlinge zur Seite gegeben, die ihm helfen müssen, die einzelnen Stuben zu inspizieren.

Groß wie Herkules und – geradezu ehrerbietig flankiert von seinen beiden Adjutanten –, erscheint er in der jeweiligen Stube, wo er sich schwerfällig auf einem Schemel niederlässt. Als Zeichen seiner Würde verfügt er über einen langen schmalen Stock. Während seine Helfer Hemden und Hosen vor allem in den Nähten auf das Sorgfältigste untersuchen, muss sich das Opfer mit hoch erhobenen Armen und gespreizten Beinen vor dem Mann aufstellen. Mit seinem spitzen Stock und entsprechenden Bemerkungen befummelt dieser zunächst die Geschlechtsteile. Dann muss der Häftling sich umdrehen, bücken und seinen Anus ebenfalls mit dem Stecken untersuchen lassen.

Nach dieser entwürdigen Prozedur dürfen sich alle, bei denen keine Läuse gefunden werden, wieder anziehen. Schlimm wird es jedoch für jene, bei denen Ungeziefer gefunden worden ist. Zunächst müssen sich die Lausträger in eine Ecke stellen, dann werden sie zu den Duschen geführt, die sich auf der anderen Seite des Appellplatzes befinden. Falls die Duschen noch von anderen »Läuseträgern« besetzt sind, müssen die Delinquenten warten – nackt bei einer Temperatur, die in diesen Winternächten bis auf minus 15 Grad sinken kann. Dann, nach der heißen Dusche, wird in die Achseln und in die Körperöffnungen ein starkes Desinfektionsmittel gespritzt.

In der Zwischenzeit werden die Kleider ebenfalls desinfiziert. Falls aus irgendwelchen Gründen die Desinfektion der Kleider einmal länger dauert, stehen die Männer immer noch nackt und nass von der Dusche in der eisigen Kälte und warten auf ihre Hemden und Hosen, die dann, noch feucht, aus der Desinfektion kommen. Nach dieser Tortur bekommen die meisten eine starke Erkältung – viele sogar Lungenentzündungen. Unter diesen Umständen von der Lauskontrolle in die Dusche geschickt zu werden, gleicht einem fast sicheren Todesurteil.

Letzte Briefe

»Engel sind die Gedanken Gottes«
Paul Gerhard

Über Silvester hat Pater Engelmar keine Zeit gefunden, die Weihnachtspost zu erledigen. In diesen Tagen um die Jahreswende hatte es unter seinen russischen Freunden so manche gegeben, die mehr als sonst unter Heimweh litten und ein bisschen Trost und Zuwendung benötigten. Die Pakete, die er von zu Hause erhalten hatte, kamen da gerade richtig.

So setzt er sich an diesem 14. Januar hin und schreibt an P. Otto Heberling: »Man ist immer froh, wenn die kostbaren Liebesgaben überhaupt ankommen. Eine kleine Verspätung nimmt man dann gerne in Kauf. Wegen der derzeitigen häufigen Verkehrsstörungen ist es sehr zu begrüßen, dass von verschiedenen Seiten etwas geschickt wird.« Und dann vielleicht ein Hinweis darauf, dass er seine Gaben zu verteilen pflegt: »Diese Art der Caritas« – also Sendung von Lebensmitteln – »wird hier immer freudig begrüßt.«

Seiner Schwester Marie schreibt er: » Wir dürfen ja nie vergessen, dass alles, was Gott schickt oder zulässt, zu unserem Besten gereichen soll. Es liegt nur an uns, dass wir alles benutzen zur Ehre Gottes und um anderen Freude zu machen. Dann haben wir den größten Nutzen davon und das Leben wird erträglicher.«

Am 28. Januar teilt er mit: »Bin Gott sei Dank soweit gesund. Der Winter ist auch bei uns ziemlich streng. Aber, wie schon vermerkt, habe ich genügend Wintersachen, sodass ich nicht frieren brauche.« Dann bekräftigt er noch einmal seine Bereitschaft, Gottes Willen zu erfüllen: »Im Übrigen wollen wir weiter aus Gottes Hand annehmen, was er in Zukunft schicken wird und alles aufopfern mit der Bitte, er möchte der schwergeprüften Menschheit recht bald den heiß ersehnten Frieden bringen.«

»Was können wir denn schon groß tun?«

Flecktyphus, die neue Bedrohung, wird von Tag zu Tag größer. Die Epidemie hat ja bereits im Dezember des letzten Jahres Opfer gefordert, am 26. Januar liegen 1200 Mann krank im Revier.

Gerade schleicht sich Pater Engelmar aus der Kapelle, in der er eine paar Minuten Stille gefunden hat, als sein Freund Peter auf ihn zukommt. Der sonst so ruhige Mann ist erregt. »Pater, kann ich mit Dir einmal etwas Grundsätzliches besprechen?« Engelmar wundert sich ein bisschen, als sein russischer Freund fortfährt: »Es geht nämlich nicht nur um unsere Zukunft, sondern auch um die des Kommunismus!« Inzwischen sind die beiden ungleichen Freunde – trotz der eisigen Kälte – auf die Lagerstraße hinaus gegangen, wo man sich heute besser als sonst ungestört unterhalten kann, denn jeder, der nur irgendwie kann, bleibt lieber drinnen.

Peter erzählt ziemlich aufgebracht, dass sich die Verantwortlichen der kommunistischen Parteien aus den einzelnen Ländern total uneinig sind, wie man mit dem Typhus umgehen soll. Muss man versuchen, zu den infizierten Genossen zu gelangen, um ihnen nach Möglichkeit zu helfen? Viele der Kranken, die jetzt hilflos in den Baracken liegen und ganz bestimmt nicht sterben möchten, sind ja ihre Führer, die in den vergangenen Jahren den Widerstand organisiert haben und nun elendig zu krepieren drohen. »Aber unsere Leitung meint, wenn wir Leute in die Baracken schicken, verlieren wir womöglich noch mehr gute Genossen, die bereit und fähig dazu sind, in Zukunft den Faschismus zu bekämpfen.« Peter klingt nicht sehr überzeugt, als er fast trotzig hinzufügt: »Michail – Pater Engelmar weiß, dass sein russischer Freund hier einen Decknamen benutzt – Michail sagt, dass wir ja vermutlich doch nichts tun können, um die Kameraden zu retten, aber vielleicht unsere besten Leute verlieren, die wir doch so dringend benötigen, um die neue Gesellschaft aufzubauen.«

Dass die kommunistische Lagerleitung nichts unternehmen wird, um die Typhuskranken zu retten, erfährt Pater Engelmar offiziell nicht. Die Führer haben sich entschlossen, nichts zu tun. Sie haben genug andere Aktionen, die sie durchführen wollen, Unternehmungen, die zwar äußerst riskant sind, dafür aber in die unmittelbare Zukunft weisen, in der die neue Gesellschaft im Sinne des Marxismus-Leninismus aufgebaut werden muss.

Normalerweise kümmert sich der Mariannhiller nicht um die sogenannte Lagerpolitik. Aber er merkt sehr schnell, dass es auch unter seinen Mitbrüdern verschiedene Auffassungen darüber gibt, wie man dieser unmittelbaren Bedrohung begegnen muss. Fast muss er ein wenig schmunzeln, wenn er von dem einen oder anderen, die er bei sich als die »Intellektuellen« oder »Vorsichtigen« einordnet, hört, man müsse doch inzwischen gelernt haben, dass das Risiko, den Kranken zu helfen, einfach zu groß sei. Um dann großzügig hinzufügen, dass es natürlich immer auch Einzelfälle gebe, in denen es Mitleid und Christenpflicht gebiete, zu helfen. Die Diskussionen dauern an, laufen sich fest.

»Wir gehen alle unter!«

Je dunkler der Himmel,
desto größer werden die Sterne erscheinen.
LEONARDO DA VINCI

Die Männer des Desinfektionskommandos unter Kapo Jakob Koch tun, was sie können. Die Lagerleitung hat ihnen erlaubt, den Gasraum des Krematoriums und das dort vorhandene Zyklongas – ursprünglich zur Vergasung von Menschen bestimmt –, zu benutzen, um die Kleider der Häftlinge zu desinfizieren. An Erfolg glaubt Koch jedoch nicht mehr! »Wir gehen alle unter«, sagt er verzweifelt – und die Zahlen scheinen ihm Recht zu geben.

Zweiter Fastensonntag, Quinquagesima: 11. Februar 1945. Nach dem sonntäglichen Gottesdienst wird es ganz still, als Lagerdekan Schelling sich anschickt, eine kurze Ansprache zu halten. » Nicht um den Tod aufzuhalten, denn das steht nicht in unserer Macht, rufen wir zum freiwilligen Dienst auf, sondern weil die Sterbenden Gott brauchen. Sie brauchen den Priester, der ihnen Gott bringen kann.« Nach einer kleinen Pause fährt er fort: » Ich weiß, für diejenigen, die sich melden, geht es um Leben und Tod. Und dies freiwillig, denn angesichts des Todes, der vielen gewiss sein wird, kann und darf ich niemandem befehlen, den Dienst in der Todeszone auf sich zu nehmen.« Wieder macht Schelling eine kurze Pause, um dann mit erhobener Stimme fortzufahren.

»Darf ich, als euer verantwortlicher Vorgesetzter, es wagen, Priester in den Tod zu schicken, jetzt, wo für uns Überlebende endlich die Stunde der Befreiung naht? Nehmt mir, ich bitte euch, die Antwort ab, indem ihr Ja sagt oder Nein.« Er verstummt.

Die nachfolgende Stille senkt sich wie eine dunkle Last auf die Seele jedes Einzelnen. Dies ist die Stunde, da Gott ruft, da er eine Antwort möchte. Nicht das Sichfügen in ein unvermeidliches Schicksal, sondern das freie Ja einer hochherzigen Seele wird gefordert! Und jeder fragt sich in das jähe Erschrecken über das so konkrete Anklopfen Gottes voller Angst und Unsicherheit: Kann dies wirklich Gottes Wille sein? Verlangt er tatsächlich von mir, dass gerade ich mich opfere? Und dies jetzt, nachdem es gilt, draußen so viel aufzubauen?«

Ähnliche Gedanken bewegen auch Pater Engelmar. Sie kommen zwar, werden aber schnell von einer stillen Freude überlagert. Hat er nicht immer und immer wieder versucht, den Kranken und Sterbenden zu helfen? Es ist nicht so sehr ein neuer Entschluss, sich für diesen Liebes- und Seelsorgedienst zur Verfügung zu stellen, sondern eigentlich nur die logische Fortsetzung einer Aufgabe, von der er glaubt, dass Gott sie ihm in ganz besonderer Weise gestellt hat . Seit dem vergangenen Dezember hat er sich – gut getarnt durch seine Tätigkeit als Blockschreiber – heimlich um die Kranken gekümmert, genauso wie während der ersten Bauchtyphus-Epidemie vor über einem Jahr.

Und doch ist er nicht der erste, der reagiert, als Schelling schließlich noch einmal eindringlich fragt: »Nun, wer meldet sich freiwillig?« Der österreichische Jesuit Johannes Maria Lenz, sein enger Freund, gibt als erster mit fester klarer Stimme die Antwort: »Ich!« Damit ist das Eis gebrochen. Andere Stimmen folgen, mehr oder weniger fest: »Ich auch! Ich ebenfalls!«

Die Lagerleitung hatte jedoch nur je jeweils zehn Priester aus den Blöcken 26 und 28 als zusätzliche Pfleger für die Typhus-Baracken zugelassen. Ob er will oder nicht, Lagerdekan Schelling selbst muss nun die schwere Entscheidung treffen und aus den 27 Geistlichen, die sich freiwillig gemeldet hatten, jeweils zehn Mitbrüder aussuchen, die er damit vermutlich in den sicheren Tod schickt. Überleben werden nur zwei: Neben dem Jesuiten Lenz nur noch der Dominikaner Leonhard Roth.

Dass unter jenen, die er schließlich auswählt, auch dieser »farblose und stille« Hubert Unzeitig aus der deutschsprachigen Priesterbaracke ist, wundert nur diejenigen, die ihn nicht kennen.

Sich von niemandem an selbstloser Liebe übertreffen lassen

Dass sich auch sein lustiger Freund Fasel freiwillig gemeldet hat, wundert Pater Engelmar überhaupt nicht. »Ich will mich von niemandem an selbstloser Liebe übertreffen lassen«, sei sein Motto, hatte dieser ihm einmal anvertraut. Über diese Begegnung hatte sich der Mariannhiller sehr gefreut und dann, wenn auch zunächst etwas zögerlich gestanden, dass auch er das KZ als die große Gelegenheit betrachte, Gott im Dienst am Mitmenschen zu verherrlichen.

Am Abend dieses 11. Februar tritt Pater Engelmar seinen nun »offiziellen« Dienst wie gewohnt in der Baracke 23 an. Hier fühlt er sich inzwischen fast wie zu Hause, da er ja bereits seit geraumer Zeit als Blockschreiber auch bei den russischen Häftlingen gewirkt hatte, um seinen Schützlingen näher sein zu können. Der einzige Unterschied für ihn liegt darin, dass das, was er bisher in seiner »Freizeit« getan hat, nun auf einmal einen amtlichen Anstrich bekommen hat.

In diesen Tagen war es 28 Jahre her, dass sein eigener Vater an Typhus gestorben ist, am 14. Januar 1916 in einem Kriegsgefangenenlager an der Wolga. Sein Vater – er versucht sich zu erinnern: Das Hochzeitsbild seiner Eltern, so wie es zu Hause auf dem Buffet in der guten Stube stand. Und dann die letzte Aufnahme seines Vaters daneben: Ein fescher junger Mann in einer steifen Uniform mit den beiden blitzenden Sternen am hohen Kragen, den kurzen Säbel an der Seite, in der einen Hand das Käppi, in der anderen die Zigarettenspitze mit der halb aufgerauchten Zigarette – ein junger Mann von Welt, Feldwebel des k.+ k Ldst. (Landsturm) Regiments Nr. 13. Aber der ernste, in die Ferne gerichtete Blick lässt das weltmännische Gehabe zur Pose werden. Dieser für ihn unerreichbare Vater hatte ihm für ihn unbewusst mitgegeben, Verantwortung zu übernehmen für

Mutter und Schwestern. Vielleicht auch den damit verbundenen Stolz – seinen »Mann zu stehen«, wie es so schön heißt. »Bin ich wirklich zu verschlossen, wie mir oft vorgeworfen wird, und zu stolz?« fragt sich der einsame Priester. Aber hat der frühe Tod des Vaters nicht auch dazu geführt, dass er sich Gott, seinem »himmlischen Vater« zugewandt hat und von ihm berufen wurde, ganz in seinen Dienst zu treten?« »Adsum, Herr, Dein bin ich. Dir gehöre ich ganz. Leben oder Tod, in Dir bin ich geborgen.«

Aber dann holt die Realität ihn wieder ein: Er ist hier, um zu helfen. Noch immer nimmt es ihm fast den Atem, wenn er in den hinteren Teil des Blocks kommt, wo die Not besonders groß ist und die Kranken fast übereinander liegen: Schmutz und Läuse, Eiter, Speichel, Blut und Kot. Immer wieder muss er würgen, die Übelkeit setzt ihm sehr zu. Strohsäcke fehlen. Aber daran ist niemand Schuld. Sie können gar nicht so schnell verbrannt werden, wie sich die Läuse vermehren. Aus Hunderten werden Tausende, Zehntausende…

Hier darf Pater Engelmar ganz Priester, ganz Seelsorger sein. Wenn er die Kranken notdürftig gesäubert und Medikamente ausgegeben hat, setzt er sich auf einen Schemel und hört geduldig zu, wie ein Russe sein armseliges Leben zwischen Kommunismus und Krieg, Atheismus und Orthodoxie vor ihm ausbreitet, kindlich darauf vertrauend, bald bei Gott zu sein. »Ego te absolvo« murmelt der Mariannhiller immer wieder und erteilt den Segen zur Lossprechung. Tag für Tag, unermüdlich ist er bei den Sterbenden, die er Gottes Barmherzigkeit überantwortet. Unter den Kranken ist auch Nikolaj, einer, der Raschers Experimente überlebt hat und später einmal mahnen wird: »Dachau darf sich nicht wiederholen!«

Unterdessen sammeln die Priester, die nicht in den Krankenbaracken tätig sind, jeweils morgens gegen sieben Uhr die »Ernte der Nacht« ein; die Toten werden in den Schnee gelegt, bevor sie ins Krematorium zum Verbrennen gebracht werden. In diesen Tagen geht der Ofen nicht aus: Der widerliche Qualm dringt durch die Fenster und Ritzen des benachbarten Priesterblocks und kündet von Menschenopfern. Die Priester spüren ihre Ohnmacht, aus der heraus sich immer wieder die Frage nach einem Gott stellt, der es zulassen kann, dass jetzt – so kurz vor dem Ende – noch so viele Menschen so viel zusätzliches Leid ertragen müssen…

Nicht immer können die Toten sofort verbrannt werden; nicht immer werden sie wenigstens in einen Sarg gelegt, bevor sie ins Krematorium zum Verbrennen gebracht werden. Und wer kann hier, angesichts der Leichenhaufen, wo ein Toter über dem anderen liegt, wo man nicht weiß, wo der Körper des Einen anfängt und der des Anderen aufhört, noch beten, wenigstens ein letztes Vaterunser sprechen? Und doch geht es darum, darin Christus, den Gekreuzigten, zu erkennen, der, wie auch die orthodoxen Christen glauben, in diesen toten Hüllen gegenwärtig ist.

Zwischen Hoffnung und Verzweiflung

Nur den Betern kann es noch gelingen,
das Schwert ob unseren Häuptern abzuwenden.
REINHOLD SCHNEIDER

In diesen Tagen – die SS hat sich nicht mehr sehen lassen und alle Arbeitskommandos mussten eingestellt werden –, finden sich ständig Beter in der Kapelle. Der Kreuzweg und der schmerzhafte Rosenkranz werden immer wieder gemeinsam gebetet. Die Männer ringen auf den Knien mit Gott: Kann er es denn wirklich dulden, dass jetzt – so kurz vor dem Ende – noch so viele Menschen sterben müssen? Die uralte Frage, wie Gott so viel Leid zulassen kann, treibt die Priester, die ihr Leben doch ganz Gott gewidmet haben, immer wieder um. Die Betrachtung der Leidensstationen Christi ist inzwischen zum Lieblingsgebet vieler geworden.

Politisch ist Pater Engelmar auf dem Laufenden, obwohl er sich nicht so sehr wie die Anderen auf den Endsieg freuen kann. Sein geliebtes Sudentenland scheint für ihn endgültig verloren zu sein – jetzt an die Kommunisten.

Inzwischen steigt die Bilanz der Toten unaufhaltsam: Am 25. Januar 1945 waren es 143 Tote, allein 60 auf dem Invalidenblock 30. Am 28. Januar waren es 25, zwei Tage später, am 30 Januar, sogar 260 Tote! Lagerschreiber Jan Damagalo verzeichnete insgesamt 2888 Tote für Januar 1945, für den Februar

3977, für den März 3668, für den April 2625 Tote. Von denen, die die Befreiung erleben werden, sterben nach ihrer Entlassung bis Ende Mai 1945 noch einmal 2 226 ehemalige Häftlinge.

Was die Priester kaum wissen können: Heinrich Himmler hat bereits im Herbst 1944 versucht, Kontakte zu den westlichen Alliierten aufzunehmen: Erst einmal zu den Amerikanern, dann zu General de Gaulle, um die Möglichkeiten für einen separaten Waffenstillstand zu sondieren. Die Alliierten lehnten ab. Als Chef der SS, der Gestapo und der Konzentrationslager ist er alles andere als vertrauenswürdig. Da kommt Himmler eine neue Idee: Könne er sich nicht der Hilfe des Vatikans bedienen? Im Januar 1945 entschließt er sich – hinter dem Rücken von Hitler, Goebbels und Bormann – mit dem Heiligen Stuhl Verhandlungen aufzunehmen.

Am 15. Februar fordert die Kommandantur den Lagerdekan auf, innerhalb von zwei Stunden eine Liste aller in Dachau inhaftierten Geistlichen anzufertigen, »mit Angabe ihres kirchlichen Dienstgrades.«

Was noch niemand im Lager wissen kann: Am 24. März werden sieben Pastöre aus Dänemark und Norwegen in ihre Heimat zurück geschickt. Himmler verhandelt zu diesem Zeitpunkt gerade mit dem schwedischen Grafen Bernadotte. Und: Ab dem 27. März werden die ersten deutschen Geistlichen frei gelassen werden....

Liebe verdoppelt die Kräfte

Die Heiligen haben zu Lebzeiten
die Welt ein Stück heller und heiler gemacht.
HEINER DREESEN

Engelmar fühlt sich müde und erschöpft. Am liebsten würde er schlafen, aber da es um ihn herum etwas ruhig ist, nimmt er Block und Bleistift und beginnt an seine Schwester Regina zu schreiben. Wie die leibliche Schwester von P. Lenz, die Sr. Norberta heißt, lebt auch Sr. Adelhilde im Kloster Wernberg in Kärnten. Ob er ahnt, dass es sein letzter Brief an sie sein wird?

»Meine liebe Schwester, auch ich freute mich sehr, als ich nach langer Zeit von Dir ein Lebenszeichen erhielt. Viel Schuld daran tragen vielleicht auch die gestörten Verkehrsverhältnisse. All das nimmt uns aber nicht die Gelassenheit, da wir uns alle in Gottes Hand wohl geborgen fühlen, wie der hl. Paulus sagt: Wir mögen leben oder sterben, wir sind des Herrn! All unser Tun, unser Wollen und Können, was ist es anders als seine Gnade, die uns trägt und leitet. Seine allmächtige Gnade hilft uns über die Schwierigkeiten hinweg, ja, wie die hl Felizitas sagte, leidet der Heiland selbst in uns und ringt zusammen mit unserem guten Willen um den Triumph seiner Gnade. So können wir seine Ehre mehren, wenn wir seiner Gnadenschaft kein Hindernis entgegensetzen und uns restlos seinem Willen hingeben. Liebe verdoppelt die Kräfte, sie macht erfinderisch, macht innerlich frei und froh. Es ist wirklich in keines Menschen Herzen gedrungen, was Gott für die bereithält, die ihn lieben. Freilich trifft auch sie die raue Diesseitswirklichkeit mit all dem Hasten und Jagen und dem ungestümen Wünschen und Fordern, mit ihrer Zwietracht und ihrem Hass wie ein beißender Frost, aber die Strahlen der wärmenden Sonne der Liebe des allgütigen Vaters sind doch stärker und werden triumphieren, denn unsterblich ist das Gute und der Sieg muss Gottes bleiben, wenn es uns auch manchmal nutzlos erscheint, die Liebe zu verbreiten in der Welt. Aber man sieht doch immer wieder, dass das Menschenherz auf Liebe abgestimmt ist und dass ihrer Macht auf die Dauer nichts widerstehen kann, wenn sie sich wirklich auf Gott und nicht auf die Geschöpfe gründet. Wir wollen weiter alles tun und aufopfern, dass Liebe und Friede bald wieder herrschen mögen. Hat Dir Friedrich auch schon so lange nicht geschrieben? Gott möge ihn stärken und schützen und trösten. Wir sind noch, Gott sei Dank, heil und unversehrt, auch Pater Lenz. Deiner stets im Gebete gedenkend grüßt Dich herzlich Hubert.«

Der Vollendung entgegen

Und lauschen der Stimme des andern Tages,
der in uns beginnt.
Und hören nicht auf zu wandern,
bis wir verwandelt sind.
Marie Luise Kaschnitz

Wie immer nimmt es Pater Engelmar fast den Atem, wenn er in den hinteren Teil des Blocks kommt, wo die Kranken liegen, im Schmutz und Gestank ihrer Exkremente. Und wie immer muss er seinen Ekel bekämpfen. »Hubert hält durch«, sagt sich sein Freund, Jesuitenpater Johannes Lenz, der in der Nachbarbaracke 21 ebenfalls versucht, Kranke so gut wie möglich zu pflegen.

Heute Mittag hat Pater Engelmar ans Fenster geklopft und ihn gefragt, ob er ihm noch etwas Serum geben könne? Inzwischen haben nämlich die Häftlinge damit begonnen, aus dem Blut jener, die den Typhus überlebten, ein Anti-Serum herzustellen. Auch als er bedauernd ablehnen muss, verliert das schmale Gesicht seines Mitbruders nicht sein Leuchten. Der Jesuit erinnert sich, während er bei einem Sterbenden wacht, wie ihm Pater Engelmar Unzeitig einmal gestanden hat »Zur Rettung von Seelen ertrage ich die Verbannung hier.« Ja, Engelmar ist dabei, Menschen zu Gott zu führen. P. Lenz denkt an die stille Heiterkeit seines Freundes und seufzt. Sein Temperament ist so ganz anders. Er hat sich zwar als erster Priester für den Dienst an den Typhuskranken gemeldet, aber die ruhige Gelassenheit seines Freundes, der so ganz in Gott zu ruhen scheint, fehle ihm doch noch sehr, sagt er sich recht selbstkritisch.

Es ist der 20. Februar, um die Mittagszeit. Wieder klopft Pater Engelmar ans Fenster. Doch diesmal durchfährt Pater Lenz ein eisiger Schreck. Die Augen seines Mitbruders glänzen im Fieber, auf den bleichen Wangen zeichnen sich scharf umrissen rote Flecken ab. P. Engelmar schlottert in seiner dünnen Häftlingsjacke vor Kälte- oder Fieberschauern. Pater Lenz reißt sich zusammen: »Mein Gott, Hubert, was ist mir Dir los?«, bricht es dann doch aus ihm heraus.

Und wieder dieses feine, fast abgeklärt zu nennende Lächeln: »Ich habe kein Krankenöl mehr. Kannst Du mir aushelfen?« Atemlos stößt er diese Bitte hervor. »Natürlich, sofort!« Lenz will verhindern, dass Pater Engelmar noch lange in der Kälte steht und stürzt los, um das Chrisam für die Letzte Ölung, die Krankensalbung zu holen. Engelmar soll keine Minute länger als unbedingt nötig der winterlichen Witterung ausgesetzt sein. Als er mit dem Gewünschten zurückkommt, hat er sich immerhin so weit gefasst, dass er ihn mit seiner normalen Stimme bitten kann: »Sei vorsichtig, tu mir die Liebe, pass auf dich auf!« Wieder dieses fast innig zu nennende Lächeln. »Natürlich gebe ich Acht, mache ich, wir sind doch alle in Gottes Hand.« Eilig läuft der Mariannhiller in seine Seuchenbaracke zurück.

Als er an diesem Abend einem jungen Russen die Beichte abnehmen will und sich neben das verschmutzte Bett auf einen halbwegs sauberen Schemel gesetzt hat, stürzt er plötzlich auf den Boden. Er verliert das Bewusstsein.

Vom Revier, das den vom Typhus angesteckten Pflegern und Priestern vorbehalten ist, trifft die Nachricht sehr schnell im Priesterblock 26 ein: Pater Engelmar Hubert Unzeitig, der so unauffällig war, dass er trotz seiner langen Haftzeit keinerlei Führungsposition unter den Priestern innehatte, dieser stille introvertierte Mitbruder, ist angesteckt worden: Hohes Fieber, Delirium… Für alle Priester, die sich infiziert haben, wird gebetet, der Himmel regelrecht bestürmt. Und dann, nach ein paar Tagen, die gute Nachricht: P. Engelmar scheint es besser zu gehen. Er hat offenbar die Krise überwunden.

Aber es kommt dann doch anders: Die Mitbrüder in der Priesterbaracke erfahren, dass es ihm wieder schlechter geht. Pfarrer Josef Witthaut kann es nicht fassen: Die Pfleger haben ihm doch ständig berichtet, wie es seinem Freund geht! Gegen Abend des 1. März – Huberts 34. Geburtstag – schleicht er sich in die hermetisch abgeriegelte Krankenbaracke. Als er den Mariannhiller Pater sieht, versagt ihm fast die Stimme: »Hubert, ich habe dir die heilige Kommunion mitgebracht.«

P. Engelmar hat hohes Fieber, aber seine Augen sind klar und auf den Priester gerichtet: »Danke, dass du gekommen bist.« Sein liebes Lächeln lässt Witthaut fast in Tränen ausbrechen, »Ego te absolvo.« Nach der Lossprechung spendet er ihm das Sakrament der Krankensalbung und reicht ihm die heilige Hostie. »Herr, gütigster Vater, Dein bin ich, Dein Wille geschehe.«

Am Morgen des 2. März 1945, um 7.20 Uhr, wird Pater Engelmar Hubert Unzeitig in die Liste der Toten eingetragen. Der Mariannhiller Missionar hat seine Seele in die Hände seines Schöpfers zurückgegeben.

Irgendwann erfährt auch Peter Klizko vom Tod seines Freundes. Als ihm Pfarrer Dümig die traurige Botschaft überbringt, bricht er vor Schmerz fast zusammen. »Ich habe meinen Bruder verloren«, schluchzt er – und das ist nicht der Überschwang einer slawischen Seele. »Er war ein Heiliger«, setzt er still hinzu. In einem »Schwarzen Brief« berichtet er seiner Frau und seinen Kindern, welche Gnaden ihm geschenkt worden sind – und dass er zum Glauben gefunden hat. Kurz nach Ostern tritt er in die katholische Kirche ein.

Ein Seelenamt wäre zu gefährlich

Einen Engel erkennt man als Engel erst dann,
wenn er vorüber gegangen ist.
Anton Kner

Einige Tage später. Wie früher ihre Mutter, sitzt an diesem kalten Frühlingsmorgen Marie Unzeitig in der ungeheizten Küche in Greifendorf. Draußen nieselt der Regen. Trübsinnig rührt sie in dem schwarzen Muckefuck, wie das Getränk aus gebranntem Kaffee-Ersatz genannt wird. »Warum rühre ich eigentlich?« denkt sie. Zucker gibt es doch schon lange nicht mehr. Aber es ist nicht die fehlende Süße, die sie bedrückt: Das »Reich« befindet sich im Chaos, die Russen drängen immer weiter vor, aber noch haben die Nazis die Macht. Sie seufzt: »Wie das wohl alles enden mag?«

Das Quietschen des Gartentores schreckt Marie auf. Der alte Jan klopft an die Fensterscheibe. Marie öffnet einen Flügel spaltweit, denn noch immer ist es kalt in der Küche. »Ob das Holz zum Kochen noch reichen wird«

»Ich bring dir hier 20 Mark«, sagt der Postbote. »20 Mark?« . Marie ist mehr als erstaunt. Wer könnte ihr wohl Geld schicken? »Hier, unterschreibe« sagt Jan, der Marie ja von früher her kennt und vor einiger Zeit trotz seines Alters und seiner Verwundung wieder bei der Post eingestellt worden ist. Jetzt, nachdem er einen zweiten Blick auf die Postanweisung geworfen hat, wird er plötzlich verlegen, schiebt Marie den 20-Mark-Schein samt Abschnitt durchs Fenster, dreht sich wortlos um und hastet zum Gartentürchen. »Warte doch«, ruft Marie, will sie doch nach gutem Brauch dem Boten eine Mark in die Hand drücken. Doch dann wirft sie einen Blick auf den Vermerk, fast unleserlich durch ein dickes Dienstsiegel. »Hubert Unzeitig, verstorben am 2. März 1945.« Das Siegel des KZ Dachau interessiert Marie nicht mehr. Mit letzter Kraft ist sie zum blank gescheuerten Tisch gewankt, an dessen Kante sie sich nun festhält. »Was ist mit meinen Beinen, warum zittern die eigentlich so?« geht es ihr dabei durch den Kopf. Die erlösenden Tränen, der Schmerz und die Trauer um den geliebten Bruder – all das macht sie später mit sich ab, allein und ohne Zeugen.

Die drei Schwestern kommen überein, sobald wie möglich ein Seelenamt für ihren Bruder Hubert feiern zu lassen. Marie macht sich in Pohler auf den Weg ins Pfarrhaus. Ihr letzter Mantel, den sie noch in Greifendorf hat ändern lassen, wärmt nur wenig. Marie weiß, diese Kälte kommt von innen. Der Dorfpfarrer macht ihr selber die Tür auf, bittet sie herein in die Stube, wird aber richtiggehend blass, als Marie ihr Anliegen vorträgt: »Aber mein liebes Fräulein Unzeitig, Sie wissen doch selber, wie gefährlich das wäre! Bei allem Verständnis für Ihren Schmerz....«

Marie schaut ihn an, dreht sich um und verlässt das Haus. Sie ist so verletzt, dass sie mit den Tränen kämpft. Aber sie ist nicht nur traurig, sondern auch stark. Am nächsten Morgen macht sie sich wieder auf den Weg, dieses Mal direkt zum Pfarrer von Greifendorf, wo sie ja immer noch gemeldet ist. Zwar hört er sie gütig an. Bedenken, oder besser gesagt Angst, hat er aber auch. Dann kommt ihm ein Einfall: Der Öffentlichkeit könne man doch mitteilen, es handle sich um ein Requiem für ihre Mutter, die ja vor nicht allzu langer Zeit verstorbenen sei. Marie zögert, aber schließlich stimmt sie schweren Herzens zu. So gerne möchte sie alles für ihren Bruder recht machen. Sie erinnert sich daran, wie gewissenhaft, um nicht zu sagen, überängstlich er in diesen Dingen manchmal war. Mit einem wehen Lächeln denkt sie an die noch nicht gelesenen Messen, die ihn so sehr beunruhigten, damals, als die Gestapo nach Glöckelberg kam. Und dann erklingt dann doch das feierliche »Dies irae« für ihren Bruder. Marie lässt ihren Tränen diesmal freien Lauf…

P. Ansbert Bieberle hat die offizielle Todesnachricht seines Vorgängers erhalten, sie war ganz ordnungsgemäß an P. Unzeitigs letzte Adresse »Glöckelberg/Böhmerwald« adressiert. Kurz nach dem Einzug der Amerikaner – im Mai 45 – gelang es ihm, ein feierliches Totenamt für seinen Mitbruder zu halten, der ja wie er aus dem Schönhengstgau stammte und mit dem er die Studienjahre verbracht und so manches kleine Abenteuer erlebt hatte. Für die Pfarrgemeinde galt es jetzt geradezu als Ehrensache, geschlossen an der Messfeier teilzunehmen.

Als die Menschen nach dem Gottesdienst auseinander gingen, wusste noch niemand, dass ein Jahr später das Dorf evakuiert und geschleift werden würde und über 40 Jahre lang militärisches Sperrgebiet bleiben sollte. Die aus ihrer Heimat vertriebenen Glöckelberger haben jedoch Pater Engelmar Unzeitig nie vergessen.

Mensch, gedenke, dass Du Staub bist

Pfarrer Richard Schneider, seit 1940 in Dachau und Pater Engelmars Stubengenosse, hat, als er vom Tode Unzeitigs hört, nur den einen Gedanken: »Mit Pater Engelmar ist ein Heiliger gestorben.« Und sein nächster: »Die irdischen Überreste müssen gerettet werden!«

Seine Beziehungen zum Kapo des Krematoriums, einem aus Karlsruhe stammenden Kriegskameraden, kommen ihm dabei zur Hilfe: »Könntest Du heute Nacht eine Leiche allein verbrennen und mir die Asche bringen?« bittet er ihn, als er ungesehen mit ihm sprechen kann. Dieser Wunsch ist für den Kapo nicht allzu verwunderlich. Bereits in der letzten Woche hatte er sich schon einmal als »Ascheschmuggler« bewährt, als es um die sterblichen Überreste des Pallottiner Paters Henkes ging, der ebenfalls an Typhus gestorben war.

»Was bekomme ich denn dafür?« fragt der Kapo in geschäftsmäßigem Ton. Pfarrer Schneider versucht, sich nicht allzu sehr anmerken zu lassen, wie wichtig ihm dieser Auftrag ist. Er muss erst einmal seine Traurigkeit herunterschlucken und seine Stimme wieder fest werden lassen, bis er mit gespieltem Gleichmut sagen kann: »Süßigkeiten natürlich, genau wie letztes Mal!«

Der Kapo ist jetzt bereit, auf das »Geschäft« einzugehen. Er notiert sich gewissenhaft die Häftlingsnummer, die mit Tintenstift jedem Toten auf die Bauchdecke oder den Arm geschrieben wird. Bevor die Toten ins Krematorium zum Verbrennen gekarrt werden, brechen manche Kapos aus dem Mund der Verstorbenen noch eventuell vorhandene Goldplomben heraus. So kann das Edelmetall der toten »Volksfeinde« noch mit dazu beitragen, die für den »Endsieg« so wichtigen Rohstoffe zu liefern….

Zwei Tage später bringt der Helfer im Krematorium tatsächlich eine Tüte mit Asche. Voller Stolz erzählt er: »Hat mich doch dieser Kerl an der Tür gefragt, was ich in der Tüte habe!« Lachend fährt er fort: »Als ich Streusand sagte, konnte ich abhauen.« Schneider ist es eher zum Weinen. So schnell wie möglich übergibt er seinem Kriegskameraden die versprochenen Süßwaren.

Der Priester hat vorgesorgt und nimmt ein Säckchen, in dem ihm seine Mutter Dörrpflaumen von den heimischen Obstbäumen geschickt hatte, und füllt die Asche hinein. »Vera cinera beati in Domino defuncti P. Unzeitig« – »Dies ist die wahre Asche des im Herrn gestorbenen P. Unzeitig«, hat er auf einen Zettel geschrieben, den er in der Asche versteckt hat. Das Säckchen selbst bindet er sich um den Bauch – und kommt damit glücklich in der Plantage an. Dort wartet schon der nächste Helfer, Leo Pfanzer, bereits ungeduldig auf ihn. Schweigend, fast ein wenig ergriffen, übernimmt er die unscheinbaren Aschereste. Dann ist er wieder ganz der Parteimann mit dem Hakenkreuzabzeichen am Revers, den er nach außen so gut darzustellen versteht. Wer weiß denn schon, dass er seine Position bei der Dachauer Firma Baywa, die ihm jederzeit Kontakte zur Plantage ermöglicht, »missbraucht«, um den Priestern nach besten Kräften zu helfen? Die Asche bewahrt er zunächst in seiner Privatwohnung auf. Und dann, Ende März, macht er sich auf den Weg nach Würzburg, wo er sie den Mariannhiller Missionaren übergibt. Die Stadt selbst liegt in Schutt und Asche; sie war am 16. März von britischen Bombern vollkommen zerstört worden.

Am Karfreitag, dem 30. März 1945, wird das Holzkästchen, in dem Pfanzer die Asche gebracht hatte, in die Gruft der Mariannhiller gesenkt. Nicht das schimmernde Licht geweihter Kerzen erhellt die Zeremonie, sondern verspätet gezündete Brandbomben, die während der schlichten Feier auf dem Friedhof explodieren.

Dachau aber gibt es immer noch. Am 26. April heißt es beim Morgenappell, das ganze Lager habe mittags um 12 Uhr marschbereit zu sein: Viele der Häftlinge sollen in den Süden gebracht werden. Bis Mitternacht befinden sich etwa 800 Häftlinge auf dem Weg in Richtung Alpen: ausgemergelte, in Lumpen gekleidete Gestalten, bewacht von SS-Leuten mit scharfen Hunden. Bis zum Tegernsee gelangt dieser Elendszug, auf dem noch viele Menschen sterben. Hier werden sie am 1. Mai von den Amerikanern befreit.

Einige Wochen zuvor war in Zusammenarbeit mit dem Internationalen Häftlingskomitee ein Mann namens Riemer zusammen mit einigen Kameraden aus dem Lager Dachau geflohen, um Hilfe zu holen. Er schafft es, die Kampflinien zu passieren und sich bis zu den Amerikanern bei Pfaffenhofen an der Ilm durchzuschlagen. Seinen beschwörenden Appellen gelang es, sie nach Dachau in Marsch zu setzen. Aber erst am 29. April wurde die Stadt von der 7. US-Armee eingenommen. Die 32 225 Gefangenen begrüßten die Soldaten der 4. und der 42. Infanteriedivision als ihre Lebensretter; doch für 3147 von ihnen kamen sie zu spät. Sie starben noch in den Tagen der Befreiung.

»Unsterblich ist das Gute«

Das Gute siegt,
in seiner Schwachheit bringt es Frucht.
BERNADETTE BARGEL

Zwei Jahre später wird Pater Engelmars Totenruhe noch einmal gestört. Im Juni 1947 wird die Mariannhiller Gruft geöffnet, damit seine Asche in einer Messingurne aufbewahrt werden kann.

Pfarrer Schneider, der gute Freund, erklärte am 2. Dezember 1979 feierlich zu dem, was er über Pater Engelmar und die Bergung seiner Überreste mitgeteilt hatte: »Für das, was ich hier niedergeschrieben habe, bin ich bereit, bei einem Informationsprozess zur Seligsprechung von P. Engelmar jederzeit den Eid abzulegen. Ob ich das freilich erleben werde, das weiß nur Gott. Darum mache ich heute diese eidesstattliche Erklärung.«

In der Mariannhiller Herz Jesu-Kirche in Würzburg, dem gleichen Gotteshaus, in dem Pater Engelmar Hubert Unzeitig 1939 zum Priester geweiht worden war, wurde im Herbst 1968 eine Gedenkstätte für ihn geschaffen. Am 20. November wurde sie in Anwesenheit vieler ehemaliger Mitbrüder aus Dachau, darunter die Weihbischöfe Buchkremer aus Aachen und Kindermann aus Königstein, feierlich gesegnet.

Bei dieser Gelegenheit lobte Prälat Josef Albinger noch einmal das Engagement P. Engelmars für die

Russen. Als kostbares Andenken übergab er den Mariannhillern eines der kopierten Hefte mit Passagen aus dem Neuen Testament und Zitate aus den Psalmen in Russisch. Ein Russe hatte dem Priester, als dieser bei Kriegsende aus der Haft entlassen wurde, diese wertvolle Erinnerung an P. Engelmar übergeben. Der letzte Satz der Niederschrift lautet: »Siehe, ich mache alles neu.«

Den Höhepunkt der Feier bildete die Predigt von P. Dr. Sales Heß, der seine bewegende Ansprache mit folgenden Worten schloss: »Wir dürfen der Kongregation von Mariannhill Glück wünschen zu solch einem Helden der Caritas und des priesterlichen Eifers. Wir dürfen dem Nachwuchs des Priesterseminars, der die sterblichen Überreste des jungen, mit 34 Jahren vollendeten Priesters P. Engelmar, nun in nächster Nähe hat, zurufen: Seht, Euer Vorbild! Wir dürfen den Christen von heute das Wort Pater Engelmar nahelegen: »Tut Gutes, denn unsterblich ist das Gute und der Sieg muss Gottes bleiben.«

Heiliger der Versöhnung

Die sich des Vergangenen nicht erinnern,
sind dazu verurteilt, es noch einmal zu erleben.
GEORGES SANTAYANA

Als die ehemaligen Glöckelberger nach der Wende 1990 wieder über die Grenze in ihre alte Heimat durften, rieben sie sich die Augen: Dort, wo früher ihr Dorf mit immerhin 1 200 Einwohnern gestanden hatte, gab es nichts mehr – nur Brennnesseln und niedriges Gestrüpp. Der Ort war sofort nach ihrer Vertreibung dem Erdboden gleich gemacht worden. Stehen geblieben waren lediglich die Kirche sowie drei Häuser.

Dafür gab es einige Jahre später Romantik pur: Denn wer sich die Mühe machte, auf den »Moldaublick-Aussichtsturm« bei Ulrichsberg im oberen Mühlviertel zu klettern, hatte einen wunderbaren Blick auf die herrliche grüne südböhmische Hügellandschaft und – aus den Bäumen hervor lugend –, auf ein kleine Kirche.

Mittlerweile waren die Nachfahren der ehemaligen Glöckelberger nicht müßig. Mit Unterstützung von Bischof Miloslav Vlk von Budweis, der zwei Jahre später zum Erzbischof von Prag ernannt und vom Papst zum Kardinal berufen wurde, und zu dessen Diözese Zwonkova, wie der tschechische Name von Glöckelberg lautet, gehörte, gingen sie dran, aus ihrem halb zerfallenen Gotteshaus ein Zeichen der

Erneuerung und Versöhnung zu machen. So sagte der Linzer Horst Wondraschek, dessen Mutter aus dem Ort stammt: »Die Kirche hatte den Soldaten zeitweise als Turn- und Lagerhalle gedient. Alles war von Bäumen und Sträuchern zugewachsen und in der Wildnis kaum zu sehen.« Er und seine vielen Helfer machten sich daran, die Kirche zu restaurieren. Der Linzer Künstler Josef Fischnaller, gestorben 2006, schuf die beiden Glasfenster. Das eine zeigt Johannes Nepomuk, den Patron der Kirche, das andere den »Heiligen der Versöhnung«, Pater Engelmar Unzeitig, als Mariannhiller, im schwarzen Talar und mit rotem Zingulum, zwei KZ-Häftlinge zu seinen Füßen, ihnen Brot und Medikamente reichend.

Im alten Messnerhaus wurde inzwischen von Horst Wondraschek und Othmar Hanke eine Ausstellung mit historischen Fotografien aus dem Alltag der Menschen, die einst hier lebten, eingerichtet. Ein Raum ist dem Prager Literaten Johannes Urzidil (1896-1970) vorbehalten, ein zweiter Teil der Dauerausstellung Pater Engelmar Unzeitig gewidmet.

Auch der Friedhof, der nach der Wende mit seinen Grabsteinresten, den ausgekratzten Namen von Toten sowie den zersägten eisernen Grabkreuzen schweigend Zeugnis von der blinden Wut gab, die einst hier geherrscht haben muss, ist wieder hergerichtet worden. Seit ein paar Jahren wollen sich auch alte Glöckelberger wieder hier begraben lassen.

Heute ist der Ort, wo einst das alte Glöckelberg stand, mit seiner unberührten Natur zu einem Geheimtipp unter den Touristen geworden. So sehr, dass die Mariannhiller Missionare die Gläubigen, die an einer Fußwallfahrt zu Erinnerung an Pater Engelmar nach Glöckelberg teilnehmen wollen, bereits auffordern müssen, sich schon in Sonnenwald zu treffen, von wo aus das gemeinsame Pilgern leichter zu organisieren sei.

So ist der Glöckelberger Gottesacker wieder zu einem Ort der Stille und der Besinnung geworden. Es tut gut, hier ein wenig auszuruhen, an die Menschen zu denken, die hier gelebt haben und von denen einer sogar zum Verräter geworden ist. Ihm und allen anderen hat Pater Engelmar Unzeitig verziehen. Sollte man sich nicht hier die Worte vergegenwärtigen, die auf einer in der Ausstellung gezeigten Gedenktafel in goldenen Lettern eingraviert sind? Sie könnten von Pater Engelmar Unzeitig stammen: »Gott hat geholfen, Gott hilft, Gott wird weiter helfen.« Vielleicht regt aber auch dieses Buch zum Nachdenken an, denn: »Wo Gott nicht sein darf, schickt er einen Engel.«

Ein besonderes Dankeschön

geht an Pater Damian Weber, Generalsuperior der Missionare von Mariannhill in Rom. Er war es, der mir die Anregung gab, das Wirken seines in Dachau ums Leben gekommenen Mitbruders Pater Engelmar Hubert Unzeitig in erzählerischer Form zu beschreiben. Wiederholt hat er mich dazu ermuntert und schließlich auch die Finanzierung der Drucklegung übernommen.

Zu großem Dank fühle ich mich vor allem Pater Adalbert Ludwig Balling verpflichtet: sowohl für die umfangreiche Unzeitig-Biografie »Eine Spur der Liebe hinterlassen«, die mir weithin als Quelle diente, als auch für seine Mühen, mein Manuskript gegenzulesen und zu lektorieren. Ein sehr aufmerksamer Manuskriptleser war auch Pater Ivo Burkhardt. Auch dafür Danke.

Schließlich geht mein Dank an die Herren der Missionsdruckerei Mariannhill in Franz Schwer, Giselher Wagner und Gerhard Fink für die drucktechnische Beratung.

Last not least gilt mein Dank Herrn Kardinal Miloslav Vlk für seine Zusage, das Vorwort zu diesem Buch zu schreiben.

Brigitte Muth-Oelschner